CRIMINE CONTRO CRIMINE

sceneggiatura di Ernesto Gastaldi

1998

https://www.ernestogastaldi.com

Da questa sceneggiatura fu tratto il film omonimo,
girato nel 1998 dal regista

ALDO FLORIO (1924-2016)

il film ebbe regolare visto di censura ma non è mai uscito nelle sale, bloccato dal PSI di Craxi per i suoi contenuti troppo vicini alla realtà.

Molti dei personaggi sono riconoscibili e appartengono alla storia d'Italia di quel periodo.

Marina Giulia Cavalli nel ruolo di MATE'

Giorgo Albtazzi nel ruolo di FILIPPO MARIA

Arnoldo Foà nel ruolo di SUA ECCELLENZA

Francesco Benigno nel ruolo di ROCCO

<u>S C E N A</u> 1
BANCHINA STAZIONE OSTIENSE. Esterno giorno

Lungo la banchina del primo binario è tutto un muoversi di suore, barellieri, e infermieri: sul binario è in arrivo il lungo Treno Bianco di ritorno dal pellegrinaggio a Lourdes.

<u>S C E N A</u> 2
VAGONE TRENO BIANCO. Interno giorno

Sul volto stanco e sofferente di un tetraplegico, già pronto sulla barella, si poggia lieve la carezza di una mano femminile, mentre l'ultimo scossone del treno avverte che si è fermato. Una voce femminile lo esorta affettuosa:

MATE' (off)
Siamo arrivati, Piero. Coraggio. Tra poco saremo a casa.

Piero alza lo sguardo verso la donna che gli sorride di incoraggiamento:

è Maria Teresa Rivetti detta famigliarmente Matè, bella, slanciata, sulla quarantina, in uniforme UNITALSI. La donna si volta verso due barellieri, in giacca blu, che stanno sulla soglia dello scompartimento e con tono totalmente diverso, autoritario, ordina

MATE'
Portatelo giù, ma con attenzione.

I due sollevano la barella con il tetraplegico e vanno verso l'uscita.
Matè si china davanti allo specchio e si sistema in testa la cuffia dell'uniforme e ordina ad un giovanottone che, nell'altro lato dello scompartimento, sta indossando la fondina ascellare con pistola

MATE'
Raul, si occupi lei dei bagagli.

uscendo Matè passa davanti al guardaspalle e aggiunge infastidita dalla vista dell'arma

Si metta la giacca, per favore!

RAUL
Subito contessa. Mi scusi.

__SCENA__ 3
BANCHINA STAZIONE OSTIENSE. Esterno giorno

Dalle carrozze scendono donne completamente vestite di bianco, dalle scarpe alla cuffia, che aiutano i malati. Sono le Sorelle di Assistenza Volontaria dell'UNITALSI che, malgrado la fatica del lungo viaggio, danno ancora una mano a sistemare sulle lettighe e sulle sedie a ruote gli invalidi loro affidati.

Anche Matè, nella divisa delle Sorelle Volontarie, scende dal treno seguita da Raul che si tiene a due passi dietro di lei: malgrado il rigore dell'uniforme ha un aspetto da "sophisticated lady". Si avvia verso la lettiga sulla quale i due barellieri stanno sistemando Piero.

Le si fa incontro **LUISA**, giovane ed efficiente segretaria, seguita da un secondo guardaspalle che saluta con un cenno ossequioso.

LUISA
Ben tornata contessa. Fatto buon viaggio?

MATE'
Noioso come al solito. Tutto pronto fuori?

LUISA
Tutto.

Matè controlla con un'occhiata Raul che sta sistemando i bagagli con un facchino e rivolto a barellieri li esorta

MATE'
C'è un'autoambulanza sul piazzale. Svelti, noi vi seguiamo.

la lettiga si avvia seguita da Matè a cui si affianca Luisa qualche passo dietro seguono i due guardaspalle e il facchino coi bagagli.

Matè alludendo alla mise un po' demodé che castiga l'aspetto giovanile della sua segretaria, l'apostrofa ironica

MATE'
Possibile Luisa che, almeno fuori lavoro, non ti riesca di apparire un pochino più... gioiosa?

Imbarazzata Luisa evita di rispondere al discorso evidentemente abusato e cambia argomento

LUISA
Qualche miracolo a Lourdes?

MATE'
E' già tanto se con questi viaggi riusciamo a dare un po' di speranza a questi poveretti. Dimmi della faccenda Sintex piuttosto.

LUISA
Il giudice ci ha dato ragione. Avremo il rimborso ma c'è costato....

MATE'
...un miliardo di mazzetta. Era nei patti. E il consiglio di amministrazione?

LUISA
Si è riunito stamattina.Non potevano che vendere.

MATE'
Bravissima. Al nostro prezzo?

LUISA
Certo, però...

MATE'
Però?

LUISA
Barzini si è sparato due ore fa.

MATE'
Un cretino di meno. Notizie da Mosca?

Luisa si guarda intorno e abbassa la voce

LUISA
Stamattina ha chiamato il generale.

MATE'
Da Washington?

LUISA (annuendo)
Vogliono il suo okay per quel giroconto in rubli tramite la banca delle Caymans.

MATE'
Ci devo pensare.

Matè cammina dietro ai barellieri incitandoli ad accelerare il passo con un gesto perentorio, poi si volta verso Luisa

MATE'
Chiamami il cavalier Ghelfi.

Luisa estrae dalla borsetta un cellulare, schiaccia uno dei numeri in memoria mentre Matè le chiede

MATE'
E' pronto l'aereo?

LUISA
A Ciampino. Basta preavvisare il pilota per il piano di volo.

passa il telefono a Matè che lo prende

MATE'
Cavaliere? Matè. Sono tornata adesso. Per quel versamento dalle Bahamas, mi raccomando, la solita copertura araba. Con la Svizzera ho risolto, come vuole Sua Eccellenza. Lo so, lo so. Non importa se han trovato i conti esteri...
(ascolta)
Sì... sì, ho capito. Non decida niente. Riporto il mio malato a destinazione, salto sull'aereo e fra due ore sono a Milano.

chiude la telefonata e ridà il telefonino a Luisa che le chiede

LUISA
Non passa da casa? Suo marito voleva parlarle...

MATE'
No. Filippo può aspettare, gli affari no. Avvisa il pilota. Fra quarantacinque minuti siamo lì.

S C E N A 4
PIAZZALE OSTIENSE. Esterno giorno

Fuori dalla stazione sostano alcune autoambulanze.

Due infermieri si fanno avanti per prendere in consegna il tetraplegico. Con tutti i riguardi i due caricano l’invalido che però si lamenta ugualmente. Matè accorre subito

MATE’ (ai barellieri)
Non potete far più attenzione?
(all'infermo)
Sono qui io, Piero, non ti preoccupare.

L'uomo le sorride e chiude le palpebre.

Matè sale sull'autoambulanza insieme ai due infermieri mentre Luisa e Raul, caricati i bagagli, prendono posto a bordo di una lussuosa Mercedes alla cui guida si è messo il secondo guardaspalle.

L’ambulanza parte affrontando il traffico cittadino senza usare la sirena. La Mercedes segue a breve distanza.

<u>S C E N A</u> 5
AMBULANZA E STRADE. Interno ed esterni

Matè, seduta accanto a Piero, gli dedica la sua attenzione, asciugandogli il sudore che gli imperla la fronte, e gli canta sottovoce una nenia, una sorta di infantile filastrocca, che rasserena il tetraplegico.

I due infermieri, seduti ai loro posti, guardano indifferenti.

S C E N A 6
INCROCIO CON SEMAFORO. Esterno giorno

Ad un incrocio l'autoambulanza frena per il semaforo che diventa giallo e l'autista controlla con lo specchietto la posizione della Mercedes che frena, dietro a lui.

Il semaforo scatta sul rosso.

Un innesto della prima, un colpo sull'acceleratore, una sgommata stridente e l'autoambulanza taglia a sirena spiegata il traffico che si è avviato in senso trasversale costringendo molte auto a brusche frenate.

Colto di sorpresa, l'autista della Mercedes tenta a sua volta di passare ma non ce la fa perché dietro all'autoambulanza il traffico è ripreso e l'incrocio è pieno di auto.

Luisa si sporge a guardare esterrefatta, mentre l'autoambulanza sparisce in una traversa a tutta velocità.

S C E N A 7
AUTOAMBULANZA. Interno Esterno giorno

Matè viene sbatacchiata contro una delle pareti dell'autoambulanza dall'accelerazione brusca.

e inaspettata, apre la bocca per protestare ma viene bloccata dai due infermieri.

La donna colpisce uno dei due con un calcio all'inguine facendolo piegare in due per il dolore. Il secondo la afferra da dietro stringendole la gola con un braccio mentre cerca di premerle sul volto un batuffolo di cotone impregnato di cloroformio. Matè gli morde rabbiosamente la mano.

L'uomo colpito dal calcio si raddrizza e colpisce Matè al capo col calcio di una pistola.
La donna si sente venir meno e piega le gambe. Il secondo aggressore riesce a premerle sul viso il cotone bagnato di cloroformio.
L'ultima cosa che vede Matè è lo sguardo atterrito del tetraplegico sulla barella.

S C E N A 8
CAMPO DI POLO. Esterno giorno

La mazza da polo colpisce con violenza la palla.

Uno dei due cavalieri precede l'avversario di un soffio e poi si lancia in un furioso galoppo. L'altro rinuncia, accusando un dolore alla spalla: è il conte **FILIPPO MARIA DE FONSEC A BALMAS**, sulla sessantina, col fiatone.

C'è del movimento ai bordi del campo, un'auto della Polizia.
Facce stupite, allarmate tra gli scudieri del conte che lo indicano al Commissario Ferla appena sceso dall'auto.

<u>**S C E N A**</u> 9
VILLA DEFONSECA-BALMAS.STUDIO DEL CONTE. Interno giorno

Filippo, ancora in tenuta da polo, entra come una furia nello studio seguito dal Commissario Ferla e dal maggiordomo. Ad attenderlo ci sono Luisa, gli occhi arrossati di pianto, e i due guardaspalle con musi di circostanza

FILIPPO
Bravi, molto bravi! Ve la siete fatta portar via da sotto il naso come due...

LUISA (tentando un'improbabile difesa)
Chi poteva immaginare...

FILIPPO
Loro dovevano immaginare! Questi due stronzi, pagati a bizzeffe per la sicurezza di mia moglie! Altrimenti che ci stanno a fare?

Suona il telefono. Il maggiordomo accorre a sollevare la cornetta mentre la voce di Filippo continua fuori campo:

FILIPPO (off)
Gliel'avevo detto a Matè: andiamocene da questo Paese di merda. Il nostro posto è in Svizzera: ordine, pulizia, civiltà. La gente che conta sta in Svizzera e non so perché i Savoia vogliano tornare in questo bordello...

MAGGIORDOMO
Casa de Fonseca Balmas.
(poi solerte)
E' qui. Subito dottore.

porta al conte il telefono

FILIPPO (al telefono)
Sì? Oh Mario, ciao, grazie per aver chiamato, stavo per farlo io. Sai già tutto?

<u>**S C E N A**</u> 10
UFFICIO QUESTURA. Int. giorno

Il Capo della Polizia è al suo tavolo di lavoro.

CAPO DELLA POLIZIA
Tutto. Appena giunta la notizia me ne sono interessato personalmente.

inserisce il "viva-voce" per dar modo a due funzionari di ascoltare

FILIPPO (voce al telefono)
E' incredibile che si possa rapire una donna nel centro di Roma in pieno giorno. Mario, ma che Paese di merda è mai questo?

CAPO DELLA POLIZIA (severo)
Il nostro Filippo Maria, il nostro. Nel bene e nel male. Calmati ora, sono già stati messi posti di blocco su tutte le strade...

chiede conferma con un cenno del capo a uno dei due funzionari che annuisce

...specialmente quelle che portano al sud.

FILIPPO (voce al telefono)
Ma non prendiamoci in giro, Mario. E' mai successo che si sia riusciti a bloccare il trasferimento di un sequestrato?

CAPO DELLA POLIZIA (seccato)
Qualche volta. Per adesso è il massimo che possiamo Fare.

FILIPPO (voce al telefono)
Quello che dovreste fare è mandare l'esercito sulle montagne, rastrellarli e fucilarli tutti questi delinquenti. Come facevano i tedeschi coi partigiani

CAPO DELLA POLIZIA
Beh, non è proprio la stessa cosa. Senti, chi c'è lì dei miei?

FILIPPO (voce al telefono)
Il commissario Ferla.

ancora una volta il Capo della Polizia chiede conferma con lo sguardo ai due funzionari che stanno ascoltando il dialogo e uno dei due gli fa cenno di OK.

CAPO DELLA POLIZIA
Ferla. Lo conosco, ottimo elemento. Sei in buone mani. Passamelo.

nell'attesa copre il microfono con la mano

CAPO DELLA POLIZIA (continua)
Questo eminentissimo coglione ha sempre fatto solo e soltanto il principe consorte e adesso vorrebbe fare la guerra perché gli hanno portato via la gallina dalle uova d'oro...

COMM. FERLA (voce al telefono)
Pronto, dottore, sono il commissario Ferla.

CAPO DELLA POLIZIA
Ferla, è tuo l'incarico?

COMM. FERLA (voce al telefono)
Sì, stiamo indagando. L'unica traccia per ora è l'ambulanza abbandonata sul Raccordo, ma è stata rubata un'ora prima del rapimento... Dal tetraplegico che c'era dentro non c'è speranza di indicazioni utili. Oltre al suo handicap è anche sotto shock...

CAPO DELLA POLIZIA
Metticela tutta Ferla. Hai già capito in che razza di vespaio siamo cascati, vero? Non mi deludere.

<u>S C E N A</u> 11
VILLA DEFONSECA-BALMAS. STUDIO DEL CONTE Interno giorno

COMM. FERLA
Stia tranquillo, dottore, dovere mio. Certo, riferirò costantemente. La ossequio.

chiude il collegamento e poi si rivolge a Filippo

COMM.FERLA

Ho già messo i telefoni sotto controllo, sia qui in villa che negli uffici di Milano. Quando i sequestratori telefoneranno, chiunque risponda dovrà tirare in lungo il più possibile: ci può essere utile per l'ubicazione della chiamata.

FILIPPO

Proveremo, ma dubito che ci cascheranno. E' gente che sa fare il suo mestiere quella.

COMM. FERLA

Ci può essere utile ogni tempestiva informazione su cose o fatti di qualsiasi genere riguardanti il sequestro. Sa, anche a noi riesce far bene il nostro mestiere... se c'è collaborazione, signor conte.

<u>**S C E N A**</u> 12

STRADA. Esterno giorno

Una vecchia betoniera corre lungo una strada provinciale dal fondo irregolare facendo un frastuono assordante. ZOOM a chiudere sul cassone rotante che di tanto in tanto compie un mezzo giro seguendo i sobbalzi della betoniera.

S C E NA 13
CASSONE BETONIERA. Interno non illuminato

Matè, ancora priva di sensi, è legata e imbavagliata con del nastro adesivo per imballaggi.
Gli scossoni e il movimento della betoniera la sbatacchiano a tratti da un lato e dall'altro.
Il rumore è assordante. Matè geme in preda ad un incubo.

S C E N A 14
STAZIONE. Interno/esterno notte con effetti

INCUBO: le immagini sono alonate e i suoni riverberati.

-FLASH: l'abito di una suora vola vuoto nella polvere gonfiato da un'esplosione SENZA SUONO e della quale vediamo l'effetto RALLENTATO.

-FLASH: alcune bambine in divisa corrono ad accalcarsi divertite su una panca in una sala d'aspetto, controllate da due suore.

-FLASH: Matè, molto giovane, corre verso la stazione che, con effetto onirico angoscioso, sembra lontanissima in fondo ad un EFFETTO CANNOCCHIALE ROVESCIATO, urlando

MATE'
Nooo!

la mano di un uomo, resa immensa da un EFFETTO FISH EYE, cala sulla bocca di Matè bloccandola. E' **MONZI**, sui 25 anni, eskimo scuro addosso, che blocca Matè con brutalità. Matè con gli occhi sbarrati di divincola invano con EFFETTO RALLENTATO DA INCUBO.
Riesce a liberare la bocca e la spalanca di un nuovo urlo che però NON SENTIAMO.

S C E N A 15
BUCA. Interno non illuminato

Matè, nel buio di una buca scavata nella roccia, scatta a sedere, occhi sbarrati, sudata, urlando

MATE'
Nooo!

si porta le mani sulla faccia, ancora preda dell'incubo.

Lentamente la realtà ha il sopravvento. Il buio che la avvolge, il duro del vecchio materasso su cui giace. Si alza per muoversi ma inciampa in una catena che le blocca una caviglia e cade in avanti. Le sue mani impattano su un fondo di terra battuta, vicino a un secchio. Lo tasta, ci mette dentro una mano: è mezzo pieno d'acqua. Beve, assetata, con le mani a coppa. Si rimette in piedi, leva le mani in alto: tocca un assito grezzo che fa da soffitto. Spinge le assi nel tentativo di sollevarle ferendosi le mani. Si succhia il graffio e si ferma a pensare.

E' ancora vestita da Sorella di Assistenza Volontaria. Si leva la cuffia con rabbia e scuote i capelli. Si china verso la catena, la afferra e la tira con tutta la sua forza, senza alcun risultato. Allora la segue a tentoni e scopre che è saldata ad un anello di ferro fissato in una parete di roccia. La catena le permette di fare pochi passi fin quasi alla parete di fronte, allungando le braccia riesce a toccarla, fa scorrere le mani sulle rocce e sul tufo alla ricerca di un'apertura che non trova. Matè si rende conto di essere sepolta in una buca scavata chissà dove.

MATE'(con rabbia)
In trappola come una stronza.

Si accoccola sul pagliericcio e si abbraccia le ginocchia. Rabbrividisce per il freddo, la stanchezza, la paura.

S C E N A 16
VILLA DE FONSECA BALMAS. STUDIO E STANZA. Interno giorno

Suona il telefono nella villa di Filippo Maria e scatta l'ascolto automatico nella stanza accanto allo studio del conte. Uno dei due poliziotti in servizio si pone all'ascolto. Si sente la voce del maggiordomo che risponde

MAGGIORDOMO (voce al telefono)
Casa De Fonseca Balmas...

VOCE MERIDIONALE (al telefono)
Voglio parlare col conte.

MAGGIORDOMO (voce al telefono)
Attenda, vedo se il signor conte è disponibile.. Chi parla prego?...

VOCE MERIDIONALE (al telefono)
Siamo quelli che hanno la contessa.

Il conte termina di infilarsi una vestaglia di seta e risponde dallo studio

FILIPPO
Pronto!

VOCE MERIDIONALE (al telefono)
Tu sei Filippo Maria?

FILIPPO
De Fonseca Balmas. Mia moglie?

VOCE MERIDIONALE (al telefono)
Sta bene. E se sarai ragionevole non le capiterà niente.

FILIPPO
Che significa ragionevole?

VOCE MERIDIONALE (al telefono)
Significa trenta miliardi.

Filippo ha una reazione rabbiosa e urla:

FILIPPO
Trenta? E perché non cinquanta?

VOCE MERIDIONALE (al telefono)
Perché le nostre valutazioni sono precise. Fino a trenta ci arrivi, a cinquanta forse no. O paghi o te la rimandiamo a casa un pezzo per volta.

avvertita dal maggiordomo, entra nello studio Luisa che resta in piedi a tormentarsi nervosamente le mani.

FILIPPO
Senta, sono minacce inutili. E' chiaro che...

VOCE MERIDIONALE (al telefono)
Non fare il furbo. Lo sappiamo che ci stanno registrando.

la comunicazione viene interrotta.

LUISA
Quanto hanno chiesto?

FILIPPO
Trenta miliardi. Li abbiamo trenta miliardi?

vedendo la faccia basita di Luisa che non risponde, Filippo insiste perentorio

FILIPPO
Lei conosce tutti i segreti di mia moglie. Li abbiamo o no?

LUISA
Non in contanti. Nessuno ha trenta miliardi pronta cassa.

Filippo ci pensa su e poi le ordina

FILIPPO
Mi chiami il Cardinale

<u>**S C E N A**</u> 17
BUCA. Interno non illuminato

Matè ispeziona a tentoni la sua cella per l'ennesima volta. Non c'è altro che il secchio, ormai quasi vuoto e il pagliericcio. La donna si torce per il mal di pancia, non può più trattenersi ma non sa come fare.

L'abitudine radicata dell'igiene, della pulizia, sembra essere più forte del bisogno. Alla fine strappa un pezzo di fodera della gonna e lo stende in terra.

Quel gesto, quel buio, l'impellenza corporale, le suscitano un prepotente ricordo.

Il rumore di un tuono, seguito da uno scroscio di pioggia, che già appartengono al ricordo man mano che si riverbera.

S C E N A 18

CAMERATA DEL BREFOTROFIO. Int. notte non illum.

RICORDO: le immagini sono alonate e i suoni riverberati. Una camerata buia con molte brandine, in un ambiente buio, dalle finestre piccole e dai rumori misteriosi.

Un lampo saetta oltre i vetri sporchi rigati di pioggia, poi esplode un altro tuono.
Matè bambina, in camicione da notte, si comprime il ventre, rannicchiata sul suo lettino. Deve andare in bagno, ma ha paura del buio. Scende tremando dal letto e inizia

la traversata della camerata. Un lampo illumina spettrale l'ambiente disegnando contorni inquietanti. Un tuono rantola lasciandosi dietro una porta che cigola e sbatte ritmica in una lontananza buia.

Matè torna di corsa verso il lettino, gli occhi sgranati di terrore che si vanno riempiendo di lacrime. Si comprime il ventre con le mani. Si guarda intorno alla ricerca di una soluzione.

C'è una copia del Corrierino dei Piccoli sul suo sgabello, ne strappa la pagina centrale e la stende sul pavimento, solleva la camiciona e si libera in un attimo. Poi afferra i lembi del giornale e ne fa un pacco e lo va a depositare, in punta di piedi, sotto uno dei lettini della fila di fronte, poi corre a rifugiarsi nella sicurezza del suo letto, sotto le coperte.

<u>**S C E N A**</u> 19

BUCA. Interno non illuminato

Nella sua cella Matè annoda lo straccio nero, ne fa un fagotto e lo spinge il più lontano possibile dal pagliericcio.

VOCE SUORA (riverberata)

Te la dovrei far mangiare per punizione!

<u>S C E N A</u> 20
CAMERATA DEL BREFOTROFIO. Interno giorno

RICORDO: le immagini sono alonate e i suoni riverberati:

Tutte le bambine sono allineate davanti ai loro lettini e assistono alla punizione della bambina sotto il cui letto Matè ha messo le proprie feci.

SUORA BISBETICA
Vergogna! Vergogna! Vergogna!

La bacchetta di salice impugnata dalla suora si abbatte sulle natiche nude della bambinasegnandole di rosso. Davanti a lei c'è la copia del Corrierino e accanto, ben spalancata e sporca di escrementi, la pagina centrale che Matè ha usato per soddisfare il suo impellente bisogno.
Matè stringe le labbra forte resistendo alla voce della sua coscienza che spinge dentro per farle dire la verità. Sta per parlare ma la brutalità della suora la blocca e si impone il silenzio. I suoi occhi fissi sulla suora esprimono odio.

Le compagne assistono spaventate.

<u>S C E N A</u> 21
BUCA. Interno non illuminato

Echeggia, nitida, la voce di tanti anni prima

VOCE SUORA
Vergogna!

Matè si rannicchia sotto la coperta grigia, di quelle da cavallo, che sta sul paglierìccio, gli occhi sgranati nel buio, ancora sconvolta dal ricordo infantile.

<u>S C E N A</u> 22
STUDIO DEL CARDINALE. Interno giorno

Sua Eminenza il **CARDINALE**, nel suo studio arredato con grande lusso, lascia cadere due zollette nel proprio tè usando un paio di pinzette d'argento e guarda con un sorriso affettuoso Filippo Maria, seduto su una comoda poltrona di cuoio, con una tazza di tè fumante fra le mani. Il conte rifiuta l'offerta di pasticcini che un giovane prete gli porge su un vassoio istoriato.

FILIPPO
Eminenza, vogliono trenta miliardi.

CARDINALE
Figliolo, tu lo sai che non dispongo di cifre del genere. Ma non devi disperare. Pregherò per la nostra Matè affidandola alla Madonna.

Filippo Maria beve il tè senza levare gli occhi dal cardinale che continua a sorridergli con dolcezza.

FILIPPO
Senza Matè va tutto a rotoli. Io non mi sono mai interessato degli affari di mia moglie. La segretaria mi dice che ci sono cose urgenti da decidere. Da Washington chiedono di una delicata faccenda con Mosca di cui non so proprio niente. Per caso, lei ne sa qualcosa, Eminenza?

CARDINALE
Brutta domanda figliolo.

FILIPPO
Per favore! Non m'intendo di denaro ma non sono mica un imbecille.

CARDINALE
Che vuoi dire, Filippo?

FILIPPO
Credo che alla banca vaticana converrebbe prestarmi i soldi del riscatto. Se Matè...

CARDINALE
Non ti lasciare sviare dalle calunnie.

FILIPPO
L'autorità giudiziaria ha bloccato i conti correnti, i depositi, la straordinaria amministrazione, che poi per me è tutta straordinaria...

CARDINALE
Prega, figliolo, prega. Siamo tutti nelle mani del Signore.

FILIPPO
Già e siamo troppi. Ogni tanto qualcuno cade giù da quelle mani.

CARDINALE(alzandosi)
Filippo, non sei venuto nel posto giusto. E' ad altri santi che ti devi rivolgere.

<u>**S C E N A**</u> 23
BUCA. Interno non illuminato

Una botola del soffitto si apre e il fascio di una torcia illumina Matè, ancora accoccolata sul paglierìccio. La donna leva la faccia di scatto, strizzando gli occhi per superare il dolore delle pupille: un uomo, **ROCCO**, dalla figura snella e atletica, fa scivolar giù una scala a pioli e poi scende portando con sé un fagotto. Ha il volto nascosto da un passamontagna nero.

Matè si scherma gli occhi con la mano. L'uomo posa a terra il fagotto, la fissa un attimo attraverso la feritoia del passamontagna: due occhi nerissimi e intelligenti, poi illumina il fagotto fatto con la fodera della gonna e si china a prenderlo.

MATE'
In qualche posto dovevo farla...

L'uomo torna ad arrampicarsi su per la scala, portando con sé il fagotto maleodorante.
Oltre il quadrato luminoso della botola, Matè vede la sagoma di un secondo uomo, anch'esso col passamontagna calato sul viso.

MATE'
Dove sono?

L'uomo snello si ferma sulla scala e volge la testa verso Matè, quasi volesse risponderle, ma il compagno da sopra gli fa un imperioso cenno di sbrigarsi e lui sale gli ultimi scalini della scala a pioli che l'altro ritrae chiudendo poi la botola e reimmergendo Matè nel buio.

La donna apre a tentoni il fagotto del cibo: dentro c'è una mezza pagnotta di pane casareccio e una grossa fetta di formaggio.

Matè si accorge di avere fame e mangia..

S C E N A 24
UFFICIO DI BIAGIOTTI. Interno giorno

Sul piano della scrivania le prime pagine di molti quotidiani che parlano del rapimento di Matè, due mani li passano in rassegna. Vediamo i titoli:

Il Giornale:

Grande caccia ai rapitori. Esemplare la vita della contessa Matè.

Il Messaggero: **Dal brefotrofio alle vette della finanza mondiale. Ombre sul passato della contessa.**

La Repubblica:

Rapimento Matè: chiesti trenta miliardi. Indagini di Mani Pulite sui conti svizzeri della contessa. Sospetto riciclaggio di denaro sporco.

La Repubblica è nelle mani dell'onorevole Biagiotti, capelli brizzolati, camicia azzurra e cravatta reggimentale, che commenta divertito con un sua collaboratrice, belloccia e provocante

ON. BIAGIOTTI
Senti che roba: riciclaggio, fondi neri, falso in bilancio, traffico di armi, società offshore per frodi fiscali... manca solo il mostro di Firenze...

Si apre la porta e un'altra bella segretaria fa passare Filippo.
L'atteggiamento dell'onorevole Biagiotti cambia di colpo e va incontro al conte Filippo con le mani tese.

ON. BIAGIOTTI
Siamo tutti sconvolti per la nostra cara Matè. Sai quanto sia apprezzata, soprattutto da me.

FILIPPO
Certo, certo, però mi serve un prestito, poi penserà Matè a saldare. Tu hai sempre avuto mano nelle banche e...

Biagiotti si fa cauto, untuoso

ON. BIAGIOTTI
Dobbiamo muoverci con cautela. Finché non rimettiamo la museruola a quel branco di giudici scatenati rischiamo la galera.

FILIPPO
Matè c'è già e se non esce non potrò più pagare neppure lo stipendio alla servitù. La vogliamo fare uscire o no?

ON. BIAGIOTTI
Certo che vogliamo! Cioè, io vorrei.

Biagiotti apre un cofanetto offrendo un cioccolatino al conte che nega col capo.

Biagiotti se ne infila uno in bocca, mastica con gusto e assume un tono confidenziale

ON. BIAGIOTTI
Senti, Filippo... il solo fatto che si è fatta rapire le ha acceso i riflettori addosso. Non è colpa sua, certo, ma... Se torna la mettono sotto torchio, capisci?

FILIPPO
E allora?

ON. BIAGIOTTI
E allora, e allora! Non sono più ministro, no?

FILIPPO
Di politica non parlo. Mi fa schifo. Ho visto decine di miliardi passare sul tavolo di Matè. Me ne servono trenta in prestito per poche settimane e tu mi dici di no?

ON. BIAGIOTTI
Filippo Maria, sei uomo di mondo e ci conosciamo da tanti anni. Ti voglio dire la verità: per come si son messe le cose, Matè è troppo esposta. Se torna la costringeranno ad accusare gli amici, capisci? Uso politico della giustizia.

FILIPPO
E piantala, Biagiotti, non siamo mica in televisione.

ON. BIAGIOTTI
Ti voglio aiutare. Vai a Milano, ti mando là una persona fidata, il dottor Monzi, lo conosci anche tu, no? E' al corrente degli affari della Nord Money perché ha collaborato con Matè in molte occasioni. Potrà farne le veci e risolvere ogni problema .

Filippo sospira deluso ma annuisce per accettazione.

<u>SCENA</u> 25
BUCA. Interno non illuminato

Il tempo per Matè perde significato. Ha freddo fame e sete. Torna a trascinarsi verso il secchio e beve con le mani. Si fruga nelle tasche e allinea sul paglericcio tutto quel che trova: un fazzolettino, due caramelle e un santino della Madonna di Lourdes. Le hanno tolto tutto, anche l'orologio. Ha una crisi di sconforto che gira in rabbia, strattona la catena e urla più forte che può.
La botola si apre. Si affaccia Rocco col passamontagna calato sul viso. Le parla a voce bassa, senza minaccia

ROCCO
Se urli è peggio. Dovremo imbavagliarti e legarti anche le mani.

Matè guarda quell'uomo, sollevata per l'interruzione del buio e della solitudine.

MATE'
Dove sono?

l'uomo scuote la testa e chiude la botola,

Non chiudere. Voglio solo parlare...

ROCCO
Meglio di no.

S C E N A 26
UFFICIO PERSONALE DI MATE'. Interno giorno

Dalla finestra si vedono le guglie del Duomo di Milano. Filippo Maria sta guardando fuori. Alle sue spalle, la voce di Luisa

LUISA (off)
Il dottor Monzi vuole parlarle, signor conte.

Filippo si volta. Monzi, una quindicina d'anni più vecchio di come l'abbiamo visto nell'incubo di Matè, ma in forma, elegante, entra tendendogli la mano

MONZI
Signor conte come sta? E' sempre un onore per me incontrarla anche se stavolta le circostanze sono infauste.

Filippo stringe la mano di Monzi senza alcun entusiasmo e subito la lascia.

MONZI
Ho dato un'occhiata alle situazioni bancarie...
venga, le faccio vedere..

fa strada verso una stanza adiacente, seguito dal conte e da Luisa.

<u>**S C E N A**</u> 27
UFFICIO DI LUISA. Interno giorno

L'ufficio ha alcuni tavoli al centro, con sopra tre computer accesi e con gli schermi pieni di colonne di cifre.
Monzi indica gli schermi a cui Filippo dà un'occhiata distratta, senza avvicinarsi

MONZI
Vede? Paschi e Comit sono in passivo. E anche con la BNL siamo al tetto dello scoperto. Almeno per ciò che riguarda la contabilità ufficiale non andiamo bene.

FILIPPO
Come non andiamo bene? Ma andiamo benissimo, così mi ha sempre detto mia moglie. Solo sul conto svizzero di famiglia dovremmo avere...

si interrompe vedendo la faccia contrariata di Luisa. Monzi guarda Filippo, poi Luisa e e sorride

MONZI
Mi hanno mandato perché avete bisogno di aiuto. O mi dite tutto oppure la mia presenza qui è inutile.

FILIPPO
Ma per carità! E poi Biagiotti ne è perfettamente al corrente. Quel conto ce lo ha fatto aprire proprio lui, non è così Luisa?
La segretaria è a disagio, incerta. Balbetta

LUISA
Sì, ma... non vedo la necessità... è un conto molto riservato e la signora non autorizzerebbe mai un estraneo...

FILIPPO
Questa è un'emergenza e poi Monzi è persona di fiducia dell'onorevole Biagiotti.

Luisa fa una smorfia di malcelato disprezzo

LUISA
Lei me lo ordina, signor conte?

FILIPPO (seccato)
Oh quante storie! Sì, glielo ordino!

Luisa, rigida, apre uno dei tiretti chiusi a chiave e prende un floppy infilandolo nel driver del computer.

MONZI (off)
Non dobbiamo farci prendere dal nervoso. -rimette alla tastiera - *Vogliamo tutti la stessa cosa, no?*

nuove schermate di numeri passano sul monitor: totali espressi in dollari e tutti di sette cifre. Ora Monzi sorride e continua a battere sulla tastiera mentre Luisa si torce le mani per la sofferenza.

FILIPPO
Quanto c'è?

MONZI
Non è così semplice, conte. Ci sono bonifici e rimesse da molti Paesi... Luisa, questi sedici milioni di dollari dal Banco di Napoli...?

Suona il telefono. Luisa evita di rispondere a Monzi e solleva la cornetta. Ascolta, non dice nulla, impallidisce e tende il telefono a Filippo, gli occhi tondi come piattini. Il conte la prende.

VOCE MERIDIONALE (al telefono)
Hai preparato i soldi?

Filippo passa la conversazione in "viva voce"

FILIPPO
Io non posso disporre di niente. E' mia moglie che...

VOCE MERIDIONALE (al telefono)
Hai una settimana, poi cominceremo ad affettare la signora.

FILIPPO
Ma è una cifra impossibile!

VOCE MERIDIONALE (al telefono)
Una settimana al massimo e poi riceverai indietro pezzi della signora.

Riattaccano. Filippo posa la cornetta. Monzi ci posa sopra la sua mano per dargli coraggio.

MONZI
Quelli bluffano sempre per spuntare il massimo. Ho una certa pratica perché fui incaricato di fare da tramite per il sequestro Annicini.

FILIPPO
Annicini, l'industriale di Varese?

MONZI
Sì, delle scarpe. Una piccola impresa.

FILIPPO
Ma non è mai tornato!

MONZI
No... ci fu un contrattempo coi soldi e... quando chiedemmo una prova recente che fosse ancora vivo non ce la diedero. E allora.... perché pagare? Volevano dieci miliardi, che sarebbe stata la rovina per la fabbrica, la moglie e i tre figli. Invece l'azienda adesso ha raddoppiato il fatturato, i figli si sono sposati e...

FILIPPO
E?

MONZI
Conte, non mi dia del cinico, ma come dice Machiavelli, si dimentica prima la morte di un parente che la perdita del patrimonio.

Filippo Maria fa una smorfia ambigua, gli suona l'orologio da polso e trasalisce

FILIPPO
Qui rischio di perdere l'uno e l'altro. Uh, dovrei già essere al Circolo.

Filippo esce e Monzi lo saluta con un cenno di assenso, poi dice a Luisa

MONZI (ironico)
Adesso che il signor conte ha autorizzato, vogliamo darci da fare?

Luisa esita e Monzi sbuffa

MONZI
Cestnost.

Luisa esita ancora. Monzi spalanca le braccia, alzandosi

MONZI
Riservatezza, fedeltà... va tutto bene, ma non esageri
Lei si deve fidare di me come se fossi la contessa
in persona.

LUISA
Dottor Monzi, io so chi è lei.

per un attimo i due si fissano, ostili. Poi Monzi sorride accomodante

MONZI
Benissimo. Cestnost che in russo vuol dire "lealtà" , è l'operazione con cui...

LUISA
Stia zitto. Ci sono cose che non voglio sapere.

MONZI
Bene. Vogliamo almeno essere leali con la nostra contessa e salvarla?

Luisa va verso una libreria, tocca un pulsante, una parte della libreria scorre lungo la parete evidenziando lo sportello blindato di un piccolo armadietto ignifugo. Compone una combinazione e lo sportello si apre: dentro si sono dei dischetti per computer.
Monzi la segue con lo sguardo. Il silenzio dà il senso di un momento solenne.
Luisa prende un floppy sulla cui etichetta è scritto in grande "CESTNOST" e lo porge a Monzi che lo inserisce soddisfatto nel driver.

MONZI
Brava. Chiami Henze a Washington. A Mosca aspettano la rimessa via Guernsey. Cestnot non si deve fermare.

S C E N A 28

BUCA. Interno non illuminato

Matè solleva il secchio e beve l'ultima acqua. Ha le labbra secchc e il viso sporco di terra. Col fazzolettino asciuga il

fondo del bugliolo e poi se lo passa umido sul viso pulendosi e ricavandone sollievo.
Si sentono dei passi di più persone sull'assito sopra la sua testa. Matè trasale, tra la speranza e la paura.
La botola si spalanca e la luce violenta di una di una torcia le illumina il viso. E' costretta a chiudere gli occhi. **TONIO**, il carceriere più corpulento, un tipico pecoraio di mezza età, anche lui col viso coperto, infila nella buca la scala a pioli e scende col fagotto del cibo e un secchio d'acqua, alla luce della torcia tenuta da Rocco

TONIO
Hai visite. Ma non devi vedere chi.
Dalla botola aperta si affaccia un uomo elegante, con occhiali cerchiati d'oro, guarda Matè in fondo alla buca, e le parla dall'alto con voce calma e chiara

UOMO CON OCCHIALI
Sono un avvocato incaricato di trattare il suo rilascio. Il prezzo fissato è di trenta miliardi. Ho preso contatti con suo marito ma lui dice di non avere questa disponibilità in quanto é lei ad occuparsi degli affari.

Matè, accecata dalla luce strizza gli occhi cercando di vedere chi le parla, ma nell'alone violento delle torce scorge appena un contorno scuro sfocato inquadrato nel taglio della botola, un luccichio su quel volto buio tradisce la presenza degli occhiali. Guarda verso quel luccichio e risponde calma, la sua voce ha perfino una sfumatura ironica

MATE'
Non si deve mai rapire il re. Per il re non paga nessuno.

Tonio posa il secchio pieno d'acqua accanto a Matè e prende quello vuoto.

UOMO CON OCCHIALI
Lei ha perfettamente ragione, signora. Ma i miei clienti pensano che se avessero rapito il conte, il re non avrebbe pagato lo stesso.

MATE'
E chi lo sa. Che volete, che vi firmi un assegno?

UOMO CON OCCHIALI
Sono lieto di sentirla ancora in forma, signora, credo che basterà che scriva due righe a suo marito per spiegargli dove può trovare i soldi.

MATE'
Non ho trenta miliardi in contanti. Nessuno li ha.

UOMO CON OCCHIALI
Ma sa come averli.

MATE'
Se fossi nel mio ufficio forse sì.

UOMO CON OCCHIALI
Scriva a suo marito quel che deve fare, signora. I nostri interessi in questo momento collimano.

MATE'
D'accordo. Gli scriverò, ma non contateci troppo.

UOMO CON OCCHIALI
Quando un affare va male dispiace sempre, specialmente se è l'ultimo. Dico ultimo per lei, signora.

MATE'
E se io avessi qualcosa che vale molto più di trenta miliardi?

UOMO CON OCCHIALI
Accetterei subito purché si tratti di qualcosa di tangibile.

MATE'
Ancora meglio: potere.

UOMO CON OCCHIALI
Difficile da riciclare, non crede?

MATE'
Nient'affatto. Lei spera di avere da me trenta miliardi tenendomi in una buca. Quanto potrebbe chiedere se tenesse sotto ricatto un grappolo di politici, di giudici, di finanzieri e un paio di grosse multinazionali?

UOMO CON GLI OCCHIALI
Conversazione interessante, contessa. Ma non sono qui per fare conversazione. Faccia quello che le si chiede, niente di più, niente di meno e salverà la pelle.

L'uomo con gli occhiali si ritrae dalla botola .

Tonio porge a Matè una penna e un foglio di carta a quadretti, puntando la torcia sulla carta.

TONIO
Scrivi.

Matè alza le palpebre e guarda Tonio negli occhi. Prende il foglietto e la penna. Verga poche parole mentre Tonio posa il fagotto del cibo sul pagliericcio. La donna gli sussurra

MATE' (soffiato)
Lo sai quant'è un miliardo? Mille milioni...

Tonio prende il foglietto come se non avesse sentito e, senza leggerlo, torna ad arrampicarsi su per la scala.

Matè slega il fagotto del cibo: mezza pagnotta rustica e formaggio. Ha un gesto disperato

MATE'
Ma non avete altro da mangiare in questo paese?

Rocco si affaccia un attimo a guardarla e poi ritira la scala, spegne la torcia e chiude la botola.
Matè ripiomba nel buio. Stacca un pezza di pane nero e lo mastica. Non riesce a mandarlo giù. Cerca il secchio con l'acqua muovendo una mano nel buio

SUONI RIVERBERATI: lo stapparsi di una bottiglia di champagne in un coro di voci gioiose.

VOCE NOTAIO
La sottoscritta Maria Teresa Rivetti, nubenda, si impegna con questo contratto di matrimonio...

S C E N A 29
PARCO VILLA DEFONSECA. Esterno giorno

RICORDO: le immagini sono alonate e i suoni riverberati.

E' una splendida giornata di sole. Matè, elegantissima, in mezzo ad un ricevimento nel parco di una villa importante.

Matè prende dal vassoio che un cameriere in livrea le porge una coppa di Champagne.
Intorno a lei alcune signore eleganti altoborghesi, Monzi, Luisa, Biagiotti, Filippo, tutti più giovani di dieci anni. Prendono anche loro una coppa dal vassoio, eccetto Luisa che sta al fianco di Matè, elegante ma con abito di taglio severo com'è suo costume

VOCE NOTAIO
...a pagare tutti i debiti del qui presente conte Filippo Maria de Fonseca Balmas, nubendo. Il regime del matrimonio è tuttavia a separazione dei beni con successione totale di un coniuge all'altro in caso di premorienza.

Filippo ride e tocca la coppa di Matè con la sua.

MONZI
Posso baciare la sposa?

Matè risponde in tono falsamente mondano

MATE'
Inutile. Nessuno ti darà i trenta denari.

Tutti ridono. Monzi si porta una mano sul petto

MONZI
Giuda io? Ma se mi porto i segreti nella tomba!

MATE'
Non solo i segreti.

FILIPPO
Prima io. Lo jus primae noctis, no?

MATE'
Nessuna clausola del nostro contratto lo prevede.

Tutti ridono. Matè si ritrae prendendo sottobraccio Luisa e tirandola via. Le offre da bere dalla propria coppa

MATE'
Non vuoi brindare al mio matrimonio? E sorridi almeno un po', dai!

Luisa obbedisce. Beve un sorso dalla coppa di Matè prendendo anche la mano della donna fra le sue

LUISA
Mi sarebbe piaciuto brindare all'amore...

MATE' (ride)
Insomma, va dove ti porta il cuore! Su Luisa, goditi un po' la vita anche se non ha niente di romantico.

Biagiotti prende una tartina dal vassoio di un altro cameriere che passa offrendole agli invitati e poi si avvicina a Matè. Parla masticando

ON. BIAGIOTTI
Ormai sei contessa, cara Maria Teresa, accetta l'omaggio di un umile avvocato rappresentante del popolo...

scherza mimando un goffo baciamano, stretto nel un doppio petto che lo rende buffo.

MATE'
Ministro , sempre con la bocca piena eh?

ride in risposta Matè, puntandogli un dito contro il panciotto in un gesto malizioso

MATE'
Piuttosto perché non dici a quel tuo tirapiedi al ministero di accelerare la pratica che sai, se no che ministro sei?

ON. BIAGIOTTI (facendo l'occhietto)
La burocrazia! La vera piovra dei nostri tempi...

Prende un altra tartina e sussurra

Se accetti la percentuale, venerdì è tutto firmato.

Matè sorride minacciando allegramente col dito:

MATE'

Come contessa da ora ho diritto al prime rate, caro il mio ministro! Tasso di gran riguardo! Se no una che si sposa a fare?

Tra gli invitati alla festa, vicino al palco dell'orchestra, c'è anche il cardinale che sta bevendo seduto su una poltroncina da giardino. Filippo si avvicina a lui

CARDINALE

Gran donna, Filippo Maria, gran donna. Non potevi scegliere meglio.

FILIPPO

Dice, Eminenza? Non so... cultura poca, nobiltà niente... e poi, più che scelta mi è stata, come dire, vivamente consigliata.

CARDINALE (ride)

Consiglio da amico! Soldi tanti e tutti fatti da lei, non ereditati...

FILIPPO

...e persi, come ho fatto io, giusto?

scherza Filippo Maria posando una mano su un braccio del cardinale che annuisce ridendo.

CARDINALE
Dio nella sua infinita sapienza accoglie tutti: chi accumula e chi spende.

FILIPPO
Anche chi mercifica la sacralità del matrimonio? Lo sa che ha preteso la separazione dei beni?

il cardinale sorride divertito

CARDINALE
Te l'ho già detto, Filippo: gran donna.

Su di una sedia a rotelle spinta da Monzi, viene avanti un vecchio incartapecorito ma dallo sguardo vivo e acuto, e quando fissa qualcuno la luce fredda che ha negli occhi mette disagio. E' **SUA ECCELLENZA.** Si porta un laringofono alla gola e articola con voce metallica

SUA ECCELLENZA
Agnus dei qui tolli peccata mundi... buongiorno. Eminenza.

si torce sulla sedia accennando ad un baciamano a cui il cardinale si sottrae

CARDINALE
Eccellenza, siete molto più bravi voi a farli, che noi a toglierli i peccata mundi...

Monzi non si ferma, spingendo la sedia verso Matè, a cui sta facendo un lungo baciamano un ometto grasso e pelato:

OMETTO PELATO
Matè in televisione saresti stupenda. Se vuoi ti faccio condurre una rubrica tutta tua...

MATE' (ridendo)
E di che parlerei? Di P2?

l'ometto si porta un dito sulle labbra con un sorriso forzato e le risatine degli altri vengono spente dall'avvicinarsi di Sua Eccellenza sulla sedia a rotelle. Tutti fanno largo, arretrando di un passo, intimiditi. L'ometto pelato si inchina piegandosi ad angolo retto. Sua Eccellenza guarda Matè compiaciuto, dice nel laringofono

SUA ECCELLENZA
Brava, bella, abile e obbediente. Continua così Matè e arriverai in paradiso.

<u>S C E N A</u> 30
BUCA. Interno non illuminato

VOCE SUA ECCELLENZA (riverberata)
... e arriverai in paradiso.

Matè ha uno scatto di rabbia. Spazza dal materasso il pane e il formaggio con una manata. Con un calcio rovescia il secchio dell'acqua. Afferra la catena e la scuote furiosa

MATE'
...o all'inferno, maledetti bastardi!

<u>SCENA</u> 31
UFFICIO PERSONALE DI MATE'. Interno giorno

Il foglietto di carta a quadretti su cui Matè ha scritto le sue indicazioni è in mano a Monzi, installato nel lussuoso ufficio di Matè nella sede della Nord Money.

MONZI (legge)
Cinque Protezione BNL-Atlanta, sei Tana di Ginevra, cinque back da Cicciobello Hong Kong tramite Caiano e il resto da Holding 21 Credit Lyonnais di Guernsey.

Davanti a lui, seduto in poltrona con le gambe accavallate, Filippo fuma un sigarillo. Luisa sfoglia un registro ma è tesa e preoccupata.

FILIPPO
Ma che sono questi nomignoli stronzi?

LUISA
Conti correnti. Arriviamo facilmente a trenta miliardi.

MONZI
Sì, ma sarebbe la rovina. I soldi mandati a HongKong sono la tangente per i nuovi appalti e richiamare quel denaro avrebbe gravissime conseguenze. Per le somme depositate sui conti di Guernsey ancora peggio: devono andare a Mosca e non sono assolutamente distraibili.

FILIPPO
Luisa, chiami il commissario Ferla a Roma, dobbiamo dirgli di questo biglietto.

MONZI
Ma vuole scherzare, conte? Vuole accendere i riflettori sugli affari segreti della finanziaria?
Il nostro lavoro è come quello dei preti: conosciamo i peccati di tutti ma non li diciamo a nessuno. La contessa ha scritto quel biglietto solo per tranquillizzare i rapitori.

FILIPPO
E allora?

MONZI
Allora possiamo disporre soltanto dei cinque miliardi sul conto Tana, che poi sono anche gli unici soldi interamente vostri...

FILIPPO
Ah, quelli si possono usare! Tanto non bastano. La ammazzeranno.

MONZI
Mica li ammazzano così in fretta gli ostaggi! Se non incassano sono in perdita secca. E poi sono certo che se la contessa fosse qui, libera di decidere, ci direbbe che richiamar quei soldi è una follia.

FILIPPO
Meglio farsi ammazzare?

MONZI
Se ritirassimo quel denaro ci tireremmo addosso dei killer internazionali... lei non è del ramo, conte, ma quando ballano grandi cifre, nessuno scherza.

FILIPPO
Killer? ... ma che mestiere fa mia moglie?

MONZI
Il più pericoloso di tutti: maneggia miliardi.

<u>S C E N A</u> 32
BUCA. Interno non illuminato

Matè scrolla rumorosamente la catena, batte sull'assito del soffitto con il secchio vuoto e grida

MATE'
Ho sete! Non ho più acqua! C'è nessuno lì sopra!

si sente il rumore di un mobile spostato e poi si apre la botola e nel riquadro di luce
appare Tonio con il passamontagna infilato sulla testa.

Matè agita il secchio capovolto a significare che non ha più acqua e Tonio si ritrae lasciando la botola socchiusa.

Matè si sdraia sul paglericcio alzando la gonna e scoprendosi una gamba fino alla coscia, assumendo una posizione invitante.

Tonio riappare con l'acqua e la scala che cala nella buca, esita guardando le gambe di Matè, poi scende, si avvicina alla donna, le strappa di mano il secchio in malo modo e lo riempie .

MATE'
Hai paura di una donna? Sono incatenata come una schiava e tu sei il padrone. Non ho bisogno soltanto di mangiare e bere, ti pare?

Tonio la fissa attraverso la feritoia del passamontagna. Matè allunga una mano e gli serra un polpaccio

MATE'
Sei forte, padrone...

la mano sale verso la coscia di Tonio che la fissa con occhi dilatati e respiro sempre più affannoso

MATE'
Come ti chiami?

Tonio non muove un muscolo, solo il suo respiro è diventato più frequente e sonoro, come quello di un animale

MATE'
Negli ambienti che frequento io non ci sono più veri maschi...

La mano di Matè sale verso il cavallo dei pantaloni. La donna gli soffia

MATE'
Quanto ti danno per fare questa vita d i merda mentre loro incassano miliardi? Facciamo un patto: ti faccio dare un miliardo, mille milioni, se fai una telefonata anonima ai carabinieri e gli dici dove sono... Nessuno lo saprà mai. Prima incassi e poi telefoni...

Tonio allunga le mani sul corpo di Matè afferrandole le mammelle, le fa passare le sue mani nodose lungo il corpo. Matè finge piacere. Tonio si slaccia i pantaloni.

MATE' (sussurra)
Potrai farlo tutte le volte che vuoi...

La donna lo attira su di sé, sdraiandosi sulla schiena. Tonio la volta con violenza e la monta da dietro come un caprone.
Il volto di Matè mentre l'uomo la possiede è senza espressione: subisce senza partecipare.

Il coito è rapidissimo. Tonio ha un'esclamazione rauca ed è tutto finito. Spinge via la donna con malagrazia. Matè si mette a sedere sul paglericcio e guarda l'uomo che si sta riabbottonando i pantaloni

MATE'
Farai quella telefonata?

TONIO
Non mi faccio ammazzare per una troia.

Matè guarda Tonio con furore, non dice nulla, ma lacrime di rabbia brillano nei suoi occhi.

S C E N A 33
OVILE. Interno giorno

L'ovile è angusto e senza mobili, eccetto una tavolaccio, due panche e un paglericcio a forma di cassone fatto con assi grezze e pieno di paglia.
C'è una sola piccola finestra dai vetri unti di fumo e di caccole di mosca.

Tonio esce dalla buca: la botola si apre su un lato del pavimento, accanto al pagliericcio che serve per nasconderla. Ad una delle panche è poggiato un fucile a canne mozze.

Da fuori proviene un fischio, forte, di quelli in uso tra i pastori.

Tonio prende la lupara e va ad aprire la porta. Fa un cenno a qualcuno e torna dentro raccattando dal pagliericcio la sua mantella. Rocco entra nell'ovile con un tascapane gonfio sulla schiena. Lo posa sul tavolaccio. Vede la botola aperta.

ROCCO
Novità?

TONIO (si stringe nelle spalle)
Quali novità devono capitare qui?

guarda il tascapane gonfio ma non commenta, Rocco, imbarazzato, si attarda a slacciare i cinturini di chiusura delle varie tasche. Tonio si ammantella per uscire e sulla porta lo ammonisce

TONIO
Stai attento. Là sotto c'è una femmina-uomo.

S C E N A 34
BUCA. Interno non illuminato

La poca luce che piove dalla botola aperta mostra Matè che nasconde il volto, scossa da un singulto.
Rocco la guarda dall'alto col passamontagna infilato in testa.

L'abito da infermiera è molto sgualcito. I capelli sparsi intorno al volto e alcuni riccioli sono impastati di terra. La gonna sollevata un poco da un lato mostra una coscia fasciata da una calza trasparente con una lunga smagliatura che scende fino al ginocchio.

Il singulto di Matè si calma. La donna scosta con la mano i capelli e volge il volto verso l'alto: le sue guance sono umide di lacrime. E' totalmente diversa dalla donna volgare e provocante di poco prima.

Rocco scende portando con sé il tascapane. Lo posa sul pagliericcio accanto alla donna e lo apre tirando una bottiglia d'acqua, del pane e formaggio e un asciugamano pulito.
Sgrulla il tascapane e alcune mele rotolano sulla coperta.

Matè segue ogni suo gesto senza parlare.

Rocco prende il secchio e risale ma la voce di Matè lo ferma al sommo della scaletta

MATE'
Grazie.

Rocco si volta, sugli ultimi pioli della scala. Matè indica la bottiglia e ripete

MATE'
Grazie.

Rocco annuisce e continua a salire. Al momento di richiudere la botola esita e Matè ne approfitta per chiedergli

MATE'
Dove siamo?

ROCCO
In montagna.

Rocco si muove per chiudere la botola, di malavoglia. Matè gli sorride e si alza prendendo in mano una mela

MATE'
Se mio marito non paga, mi ammazzerete?

ROCCO
Pagherà.

MATE' (sospira e scuote la testa)
Presto vi accorgerete di avere fatto un buco nell'acqua. Allora cosa deciderete?

ROCCO
Io faccio solo la guardia.

MATE'
Già, solo la guardia.

ROCCO
Andrà tutto come deve andare: liscio e pulito.

MATE'
Non ci sono affari puliti quando si guadagna troppo. E io sono qui perché ho guadagnato troppo... A te interessano i soldi?

Rocco chiude la botola precipitosamente, senza più rispondere. Matè addenta la mela.
Qualcuno ride nel buio. Matè si volta di scatto: non c'è nessuno. Ma nel buio, riverberata, risuona la voce di un uomo.

VOCE MARIO (riverberata)
Se è femmina la chiameremo Mela...

<u>SCENA</u> 35
STANZETTA MOBILIATA. Interno giorno

RICORDO: le immagini sono alonate e i suoni riverberati.

Mario ride, seduto nudo ai piedi del letto, in una stanzetta miseramente mobiliata. E' un bel un ragazzo di vent'anni con lo sguardo romantico.
Anche Matè ride, giovane, nuda e bellissima, appoggiata ai cuscini del letto, mangiando una mela con voracità e tenendo sul ventre un vassoio pieno di torsoli rosicchiati.

MATE'
Come la chiameremo?

MARIO
Mela. Se è femmina la chiameremo Mela.

MATE'
Mela no, però Melissa mi piacerebbe...
(dà un altro morso, diventa seria e conclude) *Peccato.*

MARIO
Peccato cosa?

chiede Mario avvicinandosi a lei. Matè evita il contatto. Posa a terra il vassoio e scende dal letto cominciando a vestirsi. Mario la accarezza, la bacia sulla schiena ma l'umore di Matè è mutato. E' diventata fredda e scontrosa. Lo scosta e si alza.

MATE'
Ho preso appuntamento col ginecologo per domani. Non voglio avere questo figlio.

MARIO
Maria Teresa... perché? Io ti amo... Ci sposiamo, troverò un lavoro e...

MATE'
...e vivremo in miseria tutta la vita. No. Ho giurato a me stessa che farò un sacco di soldi.

MARIO
Soldi? Tu ammazzi nostro figlio, mio figlio per i soldi?!

Mario la afferra per un braccio. Matè ne sorregge lo sguardo determinatissima.

MATE'
Non è ancora tuo figlio. Finché sta qua dentro è solo mio. E ti assicuro che non metterò al mondo un disgraziato in più. Meglio non vivere che vivere come ho vissuto io.

MARIO
Non sei felice adesso di essere viva e far l'amore con me?

MATE'
Solo se riesco a realizzare i miei piani.

MARIO
Far soldi a qualunque costo?

MATE'
Quello che i soldi danno. In che mondo vivi tu? Non ti guardi intorno? Se sei miliardario sei rispettato, non importa se hai rubato, corrotto, trafficato in armi o droga, basta che hai tanti soldi e sei qualcuno.

MARIO
Io voglio essere qualcuno solo per te e tu per me sei importante anche senza una lira.

MATE'
Parole che durano una settimana o un anno. Poi bisogna fare i conti con la realtà. E io non voglio farmi ballare un uomo sulla pancia finché son giovane e poi fargli la serva per tutta la vita. Puoi star sicuro di una cosa Mario: io farò soldi...

Matè urla l'ultima frase mentre lacrime isteriche le scendono sulle guance.

SCENA 36
BUCA. Interno non illuminato

VOCE MATE'
...tanti di quei soldi che non avrò più bisogno di nessuno... e tu, il tuo amore e questa cosa che mi cresce dentro non potete impedirmelo!

Matè ha gli occhi sgranati nel ricordo mentre l'eco di quelle parole lontane ancora echeggiano nella buca.

Si appoggia alla roccia umida e chiude gli occhi, come se il peso del ricordo ora la schiacciasse.

SCENA 37
STAZIONE. Interno notte con effetti

INCUBO: le immagini sono alonate e i suoni riverberati.

FLASH: nella nuvole di polvere che cade con EFFETTO RALLENTATO dopo uno scoppio SENZA SUONO, in mezzo a detriti e calcinacci, una giovane madre con una mammella insanguinata, uccisa mentre stava allattando il suo bambino. Il neonato, dal corpicino straziato, ancora apre e chiude una manina.

Accanto una bella ragazza accecata dall'esplosione, i lunghi capelli bruciacchiati tasta

le macerie alla ricerca del corpo di qualcuno. Alle sue spalle giace morto un giovane
biondo, le braccia spalancate sulle macerie come un Cristo.

In SOVRIMPRESSIONE appare il volto di Matè che urla "Nooo" ma SENZA SUONO.

<u>S C E N A</u> 38
VILLA DEFONSECA-BALMAS.STUDIO DEL CONTE. Interno notte

Monzi è al telefono, nello studio di casa de Fonseca Balmas. Filippo sta fumando un cigarillo, in piedi, appoggiato ad un angoliera di cristallo

MONZI
Sono il dottor Pietro Monzi, amministratore provvisorio dei beni di famiglia e della Nord Money. Mi trovo a Roma di passaggio perché il signor conte sta partendo per l'estero. Posso disporre al massimo di un miliardo...

I tecnici della polizia stanno registrando la telefonata.

VOCE MERIDIONALE (al telefono)
Chi vuoi prendere in giro, stronzo! Dì al conte che presto riceverà le orecchie della signora.

MONZI
Le ho detto che il conte sta partendo e devo aggiungere che per me le orecchie della signora sono di scarso interesse.

La comunicazione viene interrotta. Monzi sorride e riaggancia. Filippo Maria si avvicina alla scrivania, esitante

FILIPPO
Non è stato troppo duro, dottor Monzi? Quelle sono bestie e poi non parto affatto.

MONZI
Sono bestie ma devono sentire che qua, scusi signor conte, abbiamo le palle! Vedrà che alla fine cederanno sul prezzo.

Filippo fa cadere la cenere dalla punta del suo cigarillo con l'unghia del dito mignolo

FILIPPO
Lei sembra troppo sicuro. Sa come sono i suoi rapitori, sa come si deve trattare... non è che sa troppo?

MONZI
Esperienza! Gliel'ho detto che non è la prima volta, e poi certe cose le sanno tutti.

FILIPPO
Matè sarà disperata...

MONZI
Lei non conosce sua moglie. Ha una forza d'animo affilata come un mannaia.

<u>S C E N A</u> 39
BUCA. Interno non illuminato

La botola si apre con gran rumore. Rocco, col passamontagna in testa, mette giù la scala e scende.
Matè si alza dal paglericcio, ravviandosi i capelli

ROCCO
Tuo marito non paga! Han deciso di tagliarti un orecchio.

Matè lo guarda negli occhi neri, nella fessura del passamontagna. Gli sorride. Non è sconvolta affatto dalla notizia

MATE'
Che tempo fa, fuori?

Rocco la guarda incredulo. La afferra per le braccia

ROCCO
Hai capito quel che ho detto? Ti vogliono tagliare un orecchio!

MATE'
E' la prassi, no? Mio marito non paga e voi tagliate. Non ho mai pensato che avrebbe pagato e potete tagliarmi quel che volete, non pagherà. Siamo soci per convenienza reciproca, non marito e moglie.

Matè tace, i due si guardano, poi la donna cambia tono

MATE'
C'è il sole fuori? Darei qualunque cosa per un po' di sole...

Rocco si ritrae un poco. Matè si mette a sedere, ha il volto pulito e si ravvia i capelli con le dita. Guarda Rocco che è rimasto immobile a guardarla

MATE'
Me lo tagli tu l'orecchio?

Rocco non risponde neppure con un cenno. Matè avvicina il volto a quello di lui per guardarlo meglio negli occhi.

MATE'
Quanti anni hai?

ROCCO
Quasi trenta. E tu?

MATE'
Quasi quaranta.

i due restano in silenzio.

ROCCO
Mia moglie ha quindici anni meno di te e sembra più vecchia.

MATE'
I soldi fanno miracoli.

ROCCO
Tu sei una donna importante, vero?

MATE'
Importante? E per chi?

Rocco la fissa in silenzio poi si scuote, risale in fretta la scala e rimette a posto la botola.
Matè si passa una mano sul volto, massaggiandosi le palpebre. Un applauso scrosciante riempie la cella scavata nella roccia.

S C E N A 40

SALETTA PALAZZO CONGRESSI. Interno giorno

RICORDO: le immagini sono alonate e i suoni riverberati.

Biagiotti è sulla soglia di una sala separata dal salone del congresso da una vetrata di vetri smerigliati. Oltre la vetrata si distinguono le ombre dei congressisti. Arriva l'eco degli applausi e la voce dell'oratore

VOCE DELL'ORATORE

...non sarà certo per un mariuolo che permetteremo di processare il partito... (applausi)*... e cancelleremo quei magistrati che vogliono fare un uso politico della magistratura!* (applausi scroscianti)

Biagiotti chiude la porta e si rivolge a Matè che lo sta aspettando.

ON. BIAGIOTTI

Certo che quando parla Lui, eh? Ti fa credere quello che vuole... quelle pause, quei silenzi... è come una sinfonia...

MATE'

A me le sinfonie non m'incantano. Perché l'appalto per la metropolitana è di nuovo fermo?

ON. BIAGIOTTI
Senti contessa, patti chiari amicizia lunga. S'era detto sessanta a noi e sessanta agli altri. Se fai la taccagna con noi hai chiuso. Io c'ho la fila di gente come te che vuole, come dire, sostenere il partito.

Matè lo applaude ironica e Biagiotti sbuffa seccato. Matè sorride placida

MATE'
Una fila di zecche hai, che appena gira il vento butteranno
la tua carcassa agli sciacalli. Sessanta e sessanta era per una commessa di milleduecento. Ma è solo di mille, quindi cinquanta e cinquanta. Estero su estero come sempre .

Biagiotti sorride e allunga le mani in una carezza volgare

ON. BIAGIOTTI
Sei proprio in gamba contessa ma non credere di esserlo troppo. Dovremmo fraternizzare di più.

MATE'
Non ci divertiremmo.

ON. BIAGIOTTI
Io credo di sì.

MATE'
Io credo di no. Come nano son troppo cresciuta e come ballerina son sempre stata una frana.

Entrano di corsa dei tecnici che accendono delle fotoflood e degli spot: uno di essi accieca Matè che alza una mano per coprirsi gli occhi.

VOCI
Presto! Dài! Vuole fare una dichiarazione alla stampa.

<u>**S C E N A**</u> 41
BUCA. Interno non illuminato

La luce di una potente torcia acceca lo schermo.

Matè viene afferrata da Tonio. Nella buca ci sono altre due persone: Rocco con la torcia e la lupara e un chirurgo, anch'egli incappucciato, che apre la propria borsa dei ferri con mani tremanti.

La torcia illumina la faccia di Matè che cerca di vedere Rocco oltre l'abbacinante alone della torcia. Tonio stringe più forte le braccia della donna.

MATE' (a Tonio)
Non c'è bisogno che mi tieni.
(poi al chirurgo)
Faccia un taglio dritto che poi la plastica vien meglio.

Il chirurgo annuisce mentre riempie una siringa di novocaina. Rocco posa la lupara e si avvicina a Matè.

ROCCO
Non sentirai tanto male...

TONIO
Quante storie, un colpo di coltello e via.

Il chirurgo inietta la novocaina alla radice dell'orecchio sinistro di Matè e poi impugna un bisturi.

CHIRURGO
Lei vede che sono costretto...

MATE'
E ben pagato... Si sbrighi!

Matè guarda Rocco negli occhi. L'uomo volge via lo sguardo. Matè chiude gli occhi.

Il chirurgo le stacca l'orecchio sinistro con un colpo preciso di bisturi.

Matè spalanca gli occhi, pieni di lacrime mentre il chirurgo le tampona il taglio che sanguina abbondantemente.
Rocco la fissa con occhi sgranati, nella fessura del passamontagna.

<u>**S C E N A**</u> 42
VILLA DEFONSECA BALMAS. SALA GIOCO.
Int.notte

Filippo Maria è impegnato in un mano di bridge. Guarda le proprie carte e gongola:

FILIPPO
Un grande slam storico.

i tre compagni di bridge sono concentrati sulle carte mentre un cameriere serve liquori e vuota i portacenere.

L'avvicinarsi esitante di un secondo cameriere a Filippo Maria e il suo restare in attesa di un cenno è molto disturbante. Il conte cerca di ignorarlo ma ormai l'incanto della smazzata è rotto. Seccato alza lo sguardo su di lui che subito si china per sussurrargli qualcosa in un orecchio. Filippo Maria trasalisce, poi si domina e licenzia l'uomo con un cenno. Il gioco riprende fino al termine della mano, ma il conte sbaglia e perde molti punti.

FILIPPO

Scusate, amici... ho perso la concentrazione. Un momento solo.

si alza ed esce.

<u>S C E N A</u> 43

VILLA DEFONSECA BALMAS.STUDIO DEL CONTE. Interno notte

Luisa cammina in su e in giù per lo studio con in mano una scatoletta di cartone e corre incontro a Filippo, agitata

LUISA

Una cosa orribile, signor conte! Hanno lasciato questa scatola... quei macellai assassini le hanno tagliato un orecchio! Guardi...

porge la scatoletta a Filippoche fa un balzo indietro, schifato

FILIPPO

Non voglio vedere! Metta in frigo, metta in frigo! Glielo riattaccheranno.... Chiami subito Monzi a Milano..

LUISA
Ma che Monzi, signor conte! Ma non ha ancora capito? hanno messo quel maiale alla Nord Money per fare i loro interessi, non quelli della signora!

FILIPPO
E allora chiami la polizia! Che posso fare io di più? Voi sapete se ci sono i soldi, dove sono i soldi e che diavolo ci si può fare con quei soldi! Che volete da me? Che volete tutti!!!?

Filippo se ne torna dagli amici sbattendo la porta.

<u>**S C E N A**</u> 44
BUCA. Interno non illuminato

Tonio, incappucciato, si china sul corpo di Matè. La donna sta dormendo, sfinita dal trauma. La benda che le fascia un lato della testa è sporca di sangue.
Come un animale Tonio le sale sopra.
Matè si sveglia con un urlo e Tonio le chiude la bocca con una mano.
Matè lo fissa con occhi sgranati e gli fa cenno che non urlerà. Tonio le leva la mano dalla bocca e le alza il vestito. Matè non oppone resistenza

MATE'
La farai quella telefonata?

TONIO
Ti credi furba eh?

si sbottona i pantaloni, tenendola bloccata sul paglericcio con le ginocchia. Matè è calmissima

MATE'
Ti ho proposto un affare. Se ci stai, puoi scoparmi.

Tonio ansima e dice rauco, sarcastico

TONIO
E perché se non ci sto che fai?

MATE'
Dico al tuo capo, quello con quei begli occhiali , che mi hai offerto di scappare in cambio di un miliardo e di una scopata.

TONIO
E quando ci parli col capo...

MATE'
Non sei solo qui, una strada la trovo...

Tonio si stacca da lei e la guarda attraverso il passamontagna, il respiro affannoso, i pantaloni sbottonati

TONIO
Anche se ti porta le mele, vuole solo quello che voglio io: fotterti.

MATE'
E allora che aspetti? Violentami, non posso mica scappare.

Tonio colpisce Matè con un schiaffone. La donna accusa il colpo ma torna a girare la faccia verso di lui con un gran sorriso di scherno.

Tonio si riallaccia i pantaloni, mormorando imprecazioni incomprensibili e si arrampica su per la scala. Ritira la scala e chiude la botola con gran rumore.

S C E N A 45
UFFICIO PERSONALE DI MATE'. Interno giorno

Monzi si è insediato nell'ufficio di Matè.
Davanti a lui c'è Biagiotti che gli allarga sul tavolo alcuni quotidiani che titolano sul rapimento Matè.

ON. BIAGIOTTI
Eh no caro Monzi, no! Ti abbiamo messo lì perché risolvessi tutto e alla svelta, prima che la stampa cominciasse a far casino. Ma davvero vogliamo farcela rimandare a fette quella disgraziata?

VOCE MONZI
Senti, Biagiotti, non è la prima volta che tratto un rapimento.

ON. BIAGIOTTI
Questo è un caso un po' speciale, no? Paga e tirala fuori. Poi ce la vediamo noi con Matè. L'idea di non pagare è stata tua. E adessola stampa ci inzuppa il pane!

MONZI
Io non ho idee mie. Lo sai bene che non ho idee mie.

VOCE ON. BIAGIOTTI
Tue o non tue, prendi i soldi dai conti esteri e paga. Questa cosa deve finire subito.

<u>S C E N A</u> 46
MILANO. GALLERIA. Interno giorno

P.P. di un uomo meridionale, basso e calvo. E' **GINO NERI.** Sorride ma i suoi occhi restano cupi. E' seduto al tavolo di un bar

NERI
E tu paga il riscatto e finisce tutto subito. Poi si vedrà quel che si può recuperare. Sai, giù, non è più come una volta. Molta gente si è messa in proprio, mezze figure, dilettanti...

di fronte a Neri, c'è Monzi. Si guarda spesso intorno, nervoso.

MONZI
Non vogliamo recuperare. Non vogliamo che torni.

NERI
Un sequestro costa un sacco di soldi: la talpa, i manovali, il trasporto, la guardianìa... Se non pagate non la mollano. Che problema c'è?

MONZI
Non possiamo sopportare che ce la mandino un pezzo per volta.

NERI (sardonico)
Oh... ragioni umanitarie!

MONZI
Non sfottere. Troppo baccano, troppa emozione sui media. La Polizia passerebbe al setaccio mezzo sud, magari manderebbero di nuovo l'Esercito...

NERI
Sì, sì... ho capito. Vorreste che l'ammazzassero alla svelta a fin di bene.

MONZI
E va bene, a fin di bene. Puoi fare qualcosa?

NERI

Certo, amico, certo... Gino Neri può sempre fare qualcosa. Per i rapitori è pure meglio eliminare il rapito, un testimone in meno. Però tu vuoi che facciano un lavoro per te? Devi pagarli.

MONZI

Mi pare giusto. Vedi di sapere quanto e magari usa un po' della tua autorità perché non esagerino.

NERI(alzandosi con un sorrisetto)

Mi muoverei con più autorità se quell'appaltino sull'Alta Velocità andasse sui giusti binari... abbiamo fatto gli indignati per la corruzione nelle Ferrovie: ci spetta, no?

<u>**S C E N A**</u> 47

BUCA. Interno non illuminato

La botola si apre e la luce di una torcia illumina il pagliericcio su cui giace Matè, con la testa fasciata.

Tonio, incappucciato, tiene la torcia e Rocco, anche lui mascherato col passamontagna, mette giù la scala. Tonio scende per primo e pianta la luce della torcia in faccia a Matè, abbagliandola.
Matè leva d'istinto una mano per parare gli occhi e Tonio gliel'abbassa con un colpo secco. Rocco scende nella buca

col tascapane pieno mentre dalla botola si affaccia l' uomo con gli occhiali:

UOMO CON OCCHIALI
Contessa, pare che abbia ragione lei. Suo marito non vuole pagare.

MATE'
Non può.

UOMO CON OCCHIALI
E chi è questo Monzi che è stato messo a capo della sua finanziaria?

Matè ha un gesto di rabbia e allontana con violenza la mano di Tonio che regge la torcia.

L'uomo con gli occhiali si tira indietro.

Tonio furioso colpisce Matè al volto con la torcia piantandogliela sugli occhi.

L'uomo con gli occhiali riappare nel riquadro della botola

UOMO CON OCCHIALI
Spegni la torcia.

Tonio esita e Rocco gliela toglie di mano con rabbia repressa. Guarda verso l'uomo con gli occhiali che conferma, calmo

UOMO CON OCCHIALI
Spegni.

Rocco spegne la torcia. Matè cerca di mettere a fuoco il suo interlocutore che resta in controluce

UOMO CON OCCHIALI
Signora le ripeto la domanda: chi è questo Monzi?

MATE'
Il più gran figlio di puttana che mai abbia partorito la Terra e la prova definitiva che non avrete mai un soldo di riscatto.

UOMO CON OCCHIALI
Lei mi aveva fatto una proposta.

MATE'
E' sempre valida. Ho accumulato prove d'ogni genere contro tutto il potere ufficiale e no.

UOMO CON GLI OCCHIALI
E chi ha queste prove?

MATE'
Persone fidate.

UOMO CON GLI OCCHIALI
Non si faccia illusioni contessa. Se nessuno paga noi manderemo a suo marito prima un dito, poi una mano, poi...

MATE'
Quelli mi vogliono morta. Non gliene frega niente se mi ammazza un pezzo alla volta.

UOMO CON OCCHIALI
Con le chiacchiere lei non si salva, signora. Forse riprenderemo presto questo colloquio.

l'uomo con gli occhiali si ritira. Tonio sale mezza scala, si volta a guardare Rocco

ROCCO
Le medicine. Vai pure, ci penso io.

Tonio se ne va, si sente la porta di sopra che sbatte.

ROCCO
Hai fatto una cosa grave.

Matè scuote le spalle. Si tocca la fronte e si accuccia sul paglericcio.

ROCCO
Stai male. Toh, prendi questi, sono antibiotici.

MATE'
Non mi crede. Spera ancora di avere i soldi del riscatto. Sai, voi sequestratori vi facevo più intelligenti.

ROCCO
Ti fa male?

Matè non risponde. Rocco tira fuori dal tascapane una bottiglia di vino. La porge a Matè, a disagio

ROCCO
Aiuta a far sangue...

Matè lo guarda negli occhi. C'è uno scambio intenso in questo sguardo. Matè con estrema lentezza gli sfila il passamontagna. Rocco non si oppone.

I due restano a fissarsi, faccia a faccia: Rocco è impietrito ma il suo respiro è rapido, affannoso. Si rimette il passamontagna con violenza, un gesto quasi infantile per cancellare l'accaduto.

ROCCO
Io qui son l'ultima ruota del carro, non avrei potuto oppormi neppure volendolo.

Matè ripete il suo gesto e gli sfila di nuovo il passamontagna. Rocco non ha reazioni.
Restano a guardarsi.

MATE'
E... avresti voluto?

ROCCO
No. Mi sarei compromesso e ti avrebbero tagliato l'orecchio lo stesso. E poi...

MATE'
Non hai bisogno di scusarti.

ROCCO
E chi si scusa. Quando si sceglie un lavoro, lo si deve fare fino in fondo.

MATE'
E' così dappertutto: quando si vogliono i soldi non si può badare ai mezzi.

Rocco è colpito dalla calma della donna mutilata, imbronciato ma ammirato, affascinato.

ROCCO
La prendi con molta calma. Le donne che conosco io si sarebbero già strappate i capelli.

MATE'

Tengo ai miei capelli e alle mie orecchie come chiunque altro, ma conosco il mondo e gli affari sono affari, sia in questa tana che nei palazzi di Milano. Sono stata una stronza a farmi rapire, voi avete fatto un investimento e volete che frutti. Con ogni mezzo. Anch'io farei così.

ROCCO

Tu? (scuote la testa) *Tu sei una signora, una piena di soldi, non hai bisogno di far morire il prossimo per campare.*

MATE'

E come credi che si facciano i soldi? Per qualcuno che ride c'è sempre chi piange. Se ti preoccupi del prossimo hai perso in partenza.

ROCCO

Parli come un uomo di rispetto.

MATE'

Me l'han già detto.

ROCCO

Ho provato a fare altri mestieri, ma qui se non sei al servizio di qualche potere muori di fame.

MATE'

E perché morire di fame se si può star bene?

L'uomola guarda incerto, ma Matè sembra parlare più a se stessa che a lui. L'uomo le accarezza una mano

ROCCO
Non ce l'hai con me?

MATE'
Ma no... ce l'ho con me stessa. E ce l'ho coi tuoi capi che sono tanto imbecilli da non capire che finiranno per dovermi ammazzare gratis.

Rocco prende fra le sue mani callose la mano curata di Matè

ROCCO
Ammazzare no... spero di no.

MATE'
Se non pago non potete lasciarmi andare, non pagherebbe mai più nessuno. Ti ho detto che capisco: gli affari sono affari. I sentimenti non c'entrano. Non ti odierò neanche se sarai tu a tirare il grilletto...

ROCCO
Non ho mai conosciuto una donna come te e mai avrei potuto conoscerla...

si china su di lei ma si ferma, si ritrae. Vuota il tascapane sul paglericcio facendo rotolare tre mele sulla coperta.

ROCCO
Ti ho portato altre mele.

Matè gli sfiora una guancia con le dita. Rocco la fissa intensamente e Matè gli sfiora le labbra con le proprie. L'emozione tesa, immobile, di Rocco è fortissima. Ha gli occhi lucidi e Matè gli sorride

MATE' (sussurra)
Sono io che devo piangere. Vuoi che questa faccenda finisca bene per tutti? A voi i soldi e a me la salvezza?

Rocco annuisce.

MATE'
Telefona a mio marito, forse possiamo costringere quei bastardi a pagare.

ROCCO
Non è lui che decide?

MATE'
Mio marito può decidere l'atout a bridge e poco più. Ci sono persone che dovrebbero pagare, ma evidentemente non vogliono farlo.

ROCCO
Politici?

MATE'

Anche, ma adesso contano meno. I grandi burattinai sono sempre nell'ombra. Posso cercare di spaventarli.

ROCCO

Perché non l'hai scritto nel biglietto che ti han fatto mandare?

MATE'

Speravo che il tuo capo fosse più informato e di fare un accordo con lui. Se invece mi devo fidare di qualcuno, voglio fidarmi di te. Telefona a mio marito e digli che se non torno usciranno delle carte scottanti che faranno saltare mezzo mondo, pezzi grossi della cosiddetta società civile che poi è la più incivile di tutte. E che riferisca a Monzi.

ROCCO

Posso telefonare io a questo Monzi.

MATE'

No. Indovinerebbe che qualcuno di voi mi sta aiutando e non so fin dove può arrivare quel bastardo. No, deve sembrare una delle tante telefonate di minaccia.

ROCCO

Perchè lo odii tanto?

MATE'
E' lui che mi ha dato la prima chance. Lavorava per i Servizi. Ma hai ragione. Dovrei odiare me stessa.

ROCCO
Farò la telefonata. Però mettersi contro il mondo di solito significa rimetterci la pelle, non salvarla.

MATE'
Devo rischiare il tutto per tutto: digli che se muoio non gli resteranno neanche le palle per giocare a polo. Forse pagheranno: quello che so io vale molto più di una manciata di miliardi. Come vedi mi metto nelle tue mani.

ROCCO (annuisce)
Hai visto la mia faccia. Un giorno sarò io a chiedermi se posso fidarmi di te.

MATE'
Se arriverà mai quel giorno, sarai contento di esserti fidato..

ROCCO
Dammi il numero che devo chiamare.

Rocco porge una biro a Matè che scrive un numero di telefono sul bordo di un foglio di giornale.

Lo strappa e glielo porge. Rocco se lo infila in tasca.

Si sente il rombo di un motore in avvicinamento. Il rombo diventa assordante.

MATE'
Un elicottero...

Rocco risale la scala di corsa e corre fuori.
Matè si alza dal pagliericcio. Una fitta dolorosa le contrae il volto e si porta una mano sulle bende che si stanno macchiando di sangue. Vacilla e deve tornare a sedersi. Resta in attesa, piena di speranza, il volto girato verso l'alto, ma il rombo dell'elicottero si allontana fino a svanire.
Matè si affloscia su se stessa, delusa, gli occhi lucidi di pianto.

Rocco si riaffaccia dalla botola, affannato:

ROCCO
Era della Polizia. Se si avvicinano qui è peggio per te, capisci? Peggio.

Richiude la botola e Matè sente i suoi passi che si allontanano di corsa.

La donna si versa del vino dalla bottiglia e beve. Si mette una mano sulla fronte, forse le sta salendo la febbre. Scossa da un tremito si sdraia.
Resta con gli occhi sgranati nel buio.

Il rumore dell'elicottero torna a farsi forte ma questo è un suono riverberato.

S C E N A 48
NEWYORK. TERRAZZO DI GRATTACIELO.
Est.giorno

RICORDO: le immagini sono nette. Matè è come l'abbiamo vista nelle scene iniziali del film.

Le pale dell'elicottero non sono ancora ferme quando Matè, elegante in un tailleur di un gran sarto, balza a terra aiutata da due uomini in doppiopetto. L'elicottero è atterrato sul terrazzo di uno dei più alti grattacieli di Manhattan.

S C E N A 49
GRANDE UFFICIO NEWYORCHESE. Interno giorno

RICORDO: le immagini sono nette e Matè appare come nelle scene iniziali del film.

Matè, accompagnata da uno dei due uomini che l'hanno accolta all'eliporto sul terrazzo del grattacielo, entra in un grande ufficio e un uomo corpulento si alza da dietro una grande scrivania e le va a stringere la mano.
Nella stanza ci sono altre persone dall'aria importante. L'uomo fa una rapida presentazione

HENZE
Il mitico signor Utruff, l'uomo più ricco della nuova Russia... il senatore Delmont... e l'amico senatore George Ross della Texas Weapon United...

Matè stringe le mani a tutti

HENZE (continua)
E lei è la contessa Maria Teresa, il nostro tramite finanziario dell'operazione Cestnost.

UTRUFF (lieve accento russo)
Felicissimo di conoscerla, contessa. Mi hanno detto che il futuro del mondo è nelle vostre graziose mani.

MATE'
Troppo gentile e molto esagerato. Sono solo un tecnico finanziario e vi porto la piena solidarietà dei miei amici anche se a Roma più che del futuro del mondo, si preoccupano di quello personale.

HENZE
E che cos'è il futuro del mondo se non la somma dei nostri futuri personali?

tutti ridono poi Utruff interviene

UTRUFF
Patti chiari però: io blocco il mio commercio di armi e le metto a disposizione dei generali golpisti ma quando la Russia sarà tornata URSS voi mi aiuterete a impiantarci un sano capitalismo: il mio. Televisioni, supermercati, giornali, telefoni, tutto. Nessun ostacolo, nessuna stupida legge antitrust.

ROSS
Molti dei miei preferirebbero un ritorno al comunismo.

UTRUFF
E perché non lo zar? La storia non torna indietro. Quel bel comunismo di una volta che come contropartita vi dava tanta sicurezza di essere nel giusto non tornerà più. E poi non si fanno grandi affari con il comunismo.

HENZE
Avrete l'import-export di tutta l'Asia. Okay? Purchè sventoli forte la bandiera del nazionalismo. L'Occidente deve avere di nuovo paura. Okay?

UTRUFF (ride forte)
Avrete di nuovo paura! Una paura, come si dice qui?, fottuta, carasciò?

MATE'
Generale Henze, la parte politica che rappresento vuole la garanzia che riportiate l'Italia sotto l'ala dell'America. A qualunque costo.

HENZE
Sarà automatico: un nuovo pericolo ad Est rinsalderà i legami occidentali e non saranno più tollerabili governi di ex comunisti.

DELMONT (a Utruff)
Speriamo che sappiate muovere bene i nostri capitali, la Russia non è l'Italia: non basterà mettere qualche bomba nelle banche.
(a Matè)
Sua Eccellenza è sempre in gamba?

MATE'
Temo che verrà ai nostri funerali.

Matè apre la sua borsa e tira fuori dei documenti che passa ad Henze che li sfoglia e poi li dà al generale Belmont che infine li passa a Ross.

MATE'
Abbiamo usato holding lussemburghesi per il trasferimento dei primi trecento milioni di dollari, i versamenti saranno mascherati da finti acquisti di diritti televisivi, poi li muoveremo attraverso la Hong Kong National Bank. Arriveranno a Mosca come fondi per la cooperazione.

ROSS
Sembra un buon lavoro, contessa... non dobbiamo assolutamente ripetere il pasticcio BNL-Atlanta - Irak!

MATE'
Non vorrei offendere ma quello fu dilettantismo puro e credo che la mia professionalità sia fuor di dubbio. Spero di poter dire lo stesso della vostra!

Tutti scoppiano a ridere e si affollano intorno alla bella Matè per stringerle la mano.

S C E N A 50
BUCA. Interno non illuminato

Nel buio della buca Matè sente ancora lo scrosciare delle risate americane evocate dal suo ricordo.
La donna apre la bocca ed emette un suono sarcastico, un'imitazione tragica di risata

MATE'
Ah... ah... ah.

resta supina sul giaciglio, gli occhi sgranati nel buio. La risata si strozza in singhiozzo.
Matè si volta su un fianco, affondando il viso nel cuscino sudicio.

<u>**S C E N A**</u> 51
PORTO DI VILLA SANGIOVANNI. Esterno giorno

Oltre i vetri della cabina telefonica pubblica si vede il porto di Villa San Giovanni col movimento dei ferryboat verso la Sicilia. Rocco parla al telefono coprendosi la bocca con una mano

ROCCO
Pagate perché qui non scherziamo. Le abbiamo già tagliato un orecchio, se non pagate continueremo così... un pezzo per volta.

<u>**S C E N A**</u> 52
UFFICIO QUESTURA. Interno giorno

Il resto della telefonata lo sentiamo attraverso un registratore in un ufficio del Capo della Polizia. Davanti al Capo ci sono il commissario Ferla, Filippo Maria, il dottor

Monzi e alcuni operatori. La voce registrata di Rocco sta dicendo

VOCE REGISTRATA ROCCO
...un pezzo per volta... La signora dice che se non torna usciranno documenti compromettenti che ha dato ad un amico... molto compromettenti, che vi porteranno tutti alla rovina.

Si sente il "clic" dell'interruzione della linea. Uno dei tecnici aziona un secondo registratore e ora si sente la voce con accento meridionale del sequestratore, più pesantemente accentata

VOCE MERIDIONALE (registrata)
Chi vuoi prendere in giro, stronzo! Dì al conte che presto riceverà le orecchie della signora.

COMM. FERLA
Non solo è un'altra voce ma anche il tono e la forma. Ha detto "la signora dice", sembra più un portavoce della contessa che uno dei suoi aguzzini.

Il conte è agitato e guarda Monzi che ha un sorriso compiaciuto

MONZI
Qui c'è lo zampino diabolico di Matè. Se resta ancora un po' con quei disgraziati diventa lei la capobanda.

FILIPPO
Ma che dice! La stan facendo a fette! Bisogna che il giudice sblocchi le proprietà di mia moglie.

CAPO DELLA POLIZIA
La linea dura è una legge dello Stato, Filippo, e nessuno può violarla.

MONZI
Se non è una pensata di Matè è un bluff dei rapitori. La contessa non è tipo da costruire dossier compromettenti contro nessuno.

COMM. FERLA
Sicuro?

Monzi annuisce sorridendo.

MONZI
Sì, ma lei, conte, segua il mio consiglio. Se ne vada un po' fuori... qui c'è troppo stress per lei.

FILIPPO
Sì, credo che abbia ragione. Qui non resisto più.

Filippo se ne va accompagnato alla porta dal Capo della Polizia che poi si volta verso gli altri e sospira

CAPO DELLA POLIZIA
In fondo Filippo la sta prendendo bene...

MONZI
Il suo non è un vero matrimonio. Un semplice do ut des. E poi , dottore, se Matè muore, lui eredita tutto.

CAPO DELLA POLIZIA
Questa non gliela passo, Monzi. Filippo non è quel tipo di uomo.

MONZI
Davanti ai soldi gli uomini diventano tutti di un solo tipo.

CAPO DELLA POLIZIA
Quella donna può veramente avere delle carte che scottano?

Monzi fa lo stupito

MONZI
Certo che no. Abbiamo sempre trattato affari limpidi e assolutamente legali.

CAPO DELLA POLIZIA
Naturale. Limpidi e assolutamente legali. Una domanda inutile.

S C E N A 53
STUDIO DI SUA ECCELLENZA. Interno notte

In una stanza pesantemente mobiliata, dall'aria antica, sullo sfondo di quadri ottocenteschi, tendaggi pesanti, Sua Eccellenza siede su una poltrona accanto ad uno scrittoio e picchietta con un occhialino il piano intarsiato.

SUA ECCELLENZA
Pensar male è brutto ma ci si prende sempre. Sai qualcosa delle prove che Matè dice di avere?

MONZI (spalanca le braccia)
Avrà raccolto fotografie, registrazioni, numeri di conti esteri... se un decimo di quel che sa arriva in mani sbagliate è l'ergastolo per tutti.

SUA ECCELLENZA
Sei catastrofico e non mi piace il tuo uso sconsiderato del plurale, però trova quelle carte.

MONZI
Farò del mio meglio come sempre. Purtroppo quando ho saputo del ricatto avevo già parlato con Neri. Lui certo sa chi sono i rapitori di Matè. Ha chiesto soldi per eliminarla. Far marcia indietro potrebbe insospettire qualcuno.

Sua Eccellenza porta il laringofono alla gola

SUA ECCELLENZA
Finché non troviamo i documenti che Matè dice di avere contro di noi deve vivere.

MONZI
Così facciamo il suo gioco. Magari non ha niente di niente. Ne sa una più del diavolo quella.

SUA ECCELLENZA
Già, ma ha avuto una botta di sfortuna.

entra un maggiordomo, compunto. Si inchina

MAGGIORDOMO
Eccellenza, è l'ora della cena.

il vecchio col laringofono fa un cenno di assenso e il maggiordomo esce. Monzi gira intorno la sedia e la spinge lentamente verso la camera da pranzo.

SUA ECCELLENZA
Finché non trovi quei documenti, la vita di Matè vale più della nostra. Datti da fare.

Monzi annuisce.

S C E N A 54
BUCA. Interno poco illuminato

Rocco, senza passamontagna, accende una torcia e fa piovere la luce su Matè addormentata sul suo giaciglio. Scende la scala senza far rumore portando con sé il suo tascapane gonfio, posa la t orcia a terra e sosta a guardare la donna, nella penombra.

I capelli di Matè sono scomposti intorno al viso. Teneramente Rocco ravvia una ciocca, badando a non toccare la garza sporca di sangue.
Matè apre gli occhi e trasale di paura. Rocco la calma

ROCCO
Sono io. Voglio cambiarti la benda.

tira fuori dal tascapane garze sterili, acqua ossigenata e un rotolo di cerotto.

Ti farò un po' male.

Matè annuisce appena, fissandolo. Rocco toglie la benda insanguinata e fa una smorfia di dispiacere nel vedere il moncherino scuro, sporco di sangue raggrumato che Matè ha al posto dell'orecchio.

MATE'
Non hai uno specchio?

Rocco scuote il capo, lava il moncherino con l'acqua ossigenata e lo ricopre con garze pulite. Sorride

ROCCO
Con una plastica tornerai perfetta come prima.

MATE'
Non voglio tornare come prima.

ROCCO
Perché?

Rocco incerotta le garze pulite, poi Mate scuote la testa per portare i capelli a coprire il cerotto

MATE'
C'è un vantaggio nello stare in questa buca: si ha tempo per pensare. I banditi non stanno solo sulle montagne, la criminalità domina il mondo. Te l'ho detto: troppi soldi si fanno soltanto con gli affari sporchi.

accarezza Rocco sui capelli

Grazie.

Rocco d'impeto la bacia. Matè si lascia baciare senza reagire. Rocco, portato dalla passione, le accarezza il corpo. Matè lascia fare, passiva. Rocco si ferma, si stacca da lei.

ROCCO
Solo se lo vuoi anche tu.

Matè leva una mano a sfiorargli le labbra e sussurra

MATE'
Non so neanche come ti chiami.

ROCCO
Rocco.

La mano di Matè lo attira a sé.

(inquadrature a disposizione della regìa)

PASSAGGIO DI TEMPO

Le pile della torcia si stanno esaurendo. La luce rossastra disegna appena i contorni dei corpi nudi di Roco e di Matè stesi sul paglierіccio, ancora abbracciati. Matè ha gli occhi chiusi e Rocco parla quasi a se stesso

ROCCO
Ho moglie e due figli. Ho giurato che avranno tutto quello che hanno i figli degli altri. Ho lavorato un anno in Germania... guadagnavo, ma non abbastanza... mi hanno anche picchiato quegli uomini di merda con le teste rasate... E quando è arrivata la chiamata ho risposto sì.

MATE'
Quale chiamata?

ROCCO
Da quelli che comandano qui da sempre. Tonio ha garantito per me. Mi han messo in mano una pistola e mi han mandato ad ammazzare uno, un politico colluso che non aveva mantenuto i patti.

MATE'
Ti han pagato?

ROCCO
Sì. Avevo giurato obbedienza e non potevo non farlo. Qui se sgarri ti ammazzano. Adesso sono persona fidata, guadagnerò sempre di più anche se prima o poi finirò morto ammazzato o all'ergastolo. E' un brutto lavoro, ma ormai l'ho scelto. Si vede che era il mio destino.

Rocco accarezza Matè

MATE'
Anch'io una volta ho lasciato che uccidessero un uomo.

ROCCO
Non ci credo. Perché l'avresti fatto?

MATE'

Anch'io come te dovevo farlo. Se entri in corsa devi correre. Tu speri di diventare uno dei capi?

ROCCO

Sei una donna intelligente ma questa è una domanda stupida. Uno come me non potrebbe mai.

MATE'

Perché? Riina era un manovale ed è diventato capo della mafia siciliana.

ROCCO

Capo del braccio armato di Cosa Nostra non capo della mafia. Io sono abbastanza ignorante per diventarlo ma ho sempre davanti agli occhi lo sguardo di quell'uomo... gli ho sparato e lui è saltato giù dalla macchina ed è scappato sanguinante per un prato. Gli sono corso dietro e ha alzato le mani per proteggersi.

MATE'

E tu hai sparato di nuovo.

ROCCO

Sì. A quel punto o lui o io.

Rocco tace, lo sguardo perduto nel rimorso.

MATE'
Perché mi dici questo?

ROCCO
Non lo so. Non l'ho mai detto a nessuno, neppure a mia moglie .

MATE'
Me l'hai detto per farmi capire che se ti ordineranno di spararmi, tu mi sparerai.

Rocco non risponde. Matè sospira e chiude gli occhi.

S C E N A 55
STAZIONE. Interno notte

INCUBO: le immagini sono alonate e i suoni riverberati.

FLASH: nel lento ossessivo RALLENTATO ricadere dei detriti dopo uno scoppio SENZA SUONO, fra le macerie della stazione i cadaveri di alcuni soldati. Uno di loro, con le gambe troncate si trascina in una scia di sangue.

Un bambino fissa allucinato, senza recepire, l'immagine della testa di suo fratello che rotola senza corpo in un movimento assurdamente RALLENTATO.

Il vento dell'esplosione fa ancora svolazzare i fogli di un quaderno di scuola: la nevicata RALLENTATA copre in parte i cadaveri di due giovani studentesse.

<u>**S C E N A**</u> 56
BUCA. Interno non illuminato

Matè spalanca gli occhi ansimando, oppressa da quel lontano orrendo ricordo. Rocco la sta fissando incuriosito.

ROCCO
Pensavi a quell'uomo?

MATE'
Quale uomo?

ROCCO
Quello che hai lasciato ammazzare.

Matè tenta un sorriso ma le vien fuori una smorfia. Fissa Rocco senza parlare, incerta se dire o no la verità. Poi abbassa gli occhi e balbetta

MATE'
Ci sono cose che non si riescono a dire nemmeno in punto di morte.

ROCCO
Non sei in punto di morte.

MATE'
Lo siamo sempre. Fu una notte a Londra, dieci anni fa.

<u>SCENA</u> 57
HALL DI ALBERGO DI LUSSO. Interno notte

RICORDO: le immagini sono nette. Matè e Monzi sono di circa dieci anni più giovani.

Come visto da Matè: Monzi esce da un ascensore e le va incontro

MONZI
Vuole altri mille miliardi. Dice che gli servono per tappare il buco se no il Banco va a picco.

Matè ha dieci anni di meno. Guarda l'ora. Monzi, sui 35, ticchetta con le dita sulla sua ventiquattrore.

MATE'
Vuoi smetterla, per favore? (poi decide)
Non gli dà più un soldo nessuno, neppure la mafia.
Ormai l'hanno spremuto come un limone...

MONZI
Non abbiamo alternativa. Se fallisce e parla morirà un sacco di gente è andrà in galera tutta la sacra nomenclatura.

MATE'
Lo so. Può fallire ma non deve parlare più.

Matè dà un'occhiata a Monzi che si avvicina a Marco, un uomo che sta in fondo alla hall, correttamente vestito da gentleman della city, poi si avvia a passi decisi verso l'uscita stringendosi addosso la pelliccia.

<u>S C E N A</u> 58
BUCA. Interno non illuminato

ROCCO
Non sei stata tu a uccidere.

MATE'
Peggio no? Tu hai ammazzato ma altri lo avevano deciso. Io ho deciso e altri hanno ammazzato.

ROCCO
L'hai lasciato fare non l'hai deciso.

MATE' (sorride)
Saresti un buon gesuita.

ROCCO
Gesuita? Che c'entrano i preti?

Matè sorride e comincia a rivestirsi. Rocco la aiuta poi le passa una mano sulla schiena nuda e Matè rabbrividisce di piacere.

MATE'
Pensi di diventare ricco coi sequestri?

ROCCO
Mi danno cinque milioni al mese e un premio se il sequestro va a buon fine. Tu invece parli di centinaia di miliardi.

MATE'
Parlarne non sempre vuol dire averli e averli qualche volta vuol dire morire.

ROCCO
Da quando ho ammazzato quell'uomo... Matè, davvero bisogna far tutto per i soldi?

MATE'
E' come un ascensore che non si può fermare: devi continuare a salire o ti buttano giù.

ROCCO
Tra poco vengono a darmi il cambio. E' meglio che non mi trovino qui sotto.

si alza e si infila i pantaloni.

MATE'
Anche il tuo compare mi ha messo gli occhi addosso.

ROCCO
Non oserà toccarti. E' mio zio, lo conosco bene. All'antica in tutto.

MATE'
Anche se lo facesse... se morirò che importanza ha? E se uscirò viva da qui basterebbe una bella doccia per cancellare tutto.

ROCCO
Anche me?

MATE'
Tutto lo sporco.

gli prende una mano fra le sue e dice in tono conciliante

Che età hanno i tuoi figli?

ROCCO
Il maschio otto e la femmina cinque.

MATE' (sussurra)
Il mio ne avrebbe quasi venti...

ROCCO
E' morto?

MATE'
Non è mai nato.Non l'ho mai fatto nascere.

Matè si stringe forte a Rocco, che, dopo un'esitazione, ricambia l'abbraccio.

ROCCO
Sei ancora giovane. Puoi fare tutti i figli che vuoi.

Matè si stacca da lui e scuote la testa

MATE'
Non voglio figli. E anch'io quello che ho fatto, nelle stesse condizioni, lo rifarei. Il mondo è così. Non l'abbiamo inventato noi.

Rocco si alza e annuisce. va verso la scala, poi si volge

ROCCO
Forse avremmo potuto cambiarlo. Provare a cambiarlo.

S C E N A 59
ZONA PANORAMICA DI ROMA. Esterno giorno

Monzi e Gino Neri, affacciati su un panorama di Roma.

MONZI
Qui è più sicuro che nessuno ci ascolta.

NERI
Gli amici accettano di fare il lavoro ma vogliono i almeno soldi del riscatto. In fondo tu gli chiedi un servizio extra.

MONZI
E' molto, devo chiedere. Ti do una risposta in pochi giorni.

NERI
Sai, un uccellino mi ha fischiettato di certi documenti che se la bella signora muore... eh?

MONZI (seccato)
Documenti? Ma quali documenti! Fammi autorizzare il pagamento e l'affare è fatto.

<u>S C E N A</u> 60
VILLA DEFONSECA BALMAS. STUDIO DEL CONTE Interno notte

Luisa entra nello studio con circospezione. Va verso una scrivania monumentale e apre uno degli sportelli laterali: dentro, in mezzo ad altre carte, ci sono due grossi plichi identici legati con un nastro rosso: su uno c'è scritto "PER IL NOTAIO".
Luisa li prende entrambi, poi ci ripensa, rimette quello senza scritta nella scrivania e richiude. Esce dallo studio badando di non fare rumore.

<u>S C E N A</u> 61
VILLA DEFONSECA BALMAS. STANZA LUISA.
Int.notte

Luisa si chiude a chiave in camera sua, stringendo al petto il voluminoso plico di documenti. Lo chiude poi in una valigetta di cuoio che infila in un armadio sotto le scatole delle scarpe.

Va in bagno e apre l'acqua nella vasca. Compone un numero al telefono cordless mentre comincia a spogliarsi

LUISA
Il notaio Pozzi per favore. Lo so che è tardi ma è molto urgente. Ho capito e quando lo trovo? Domani alle otto.

La donna scolta e poi:

LUISA
Va bene ditegli che ha chiamato Luisa Vincenzi. Devo consegnargli dei documenti importanti.

finisce di spogliarsi e si infila nell'acqua tiepida della vasca provandone sollievo.

Un rumore attira la sua attenzione per un momento, ma tutto è silenzio. Luisa si lascia scivolare nella vasca fino a che l'acqua le sfiora le labbra. Chiude gli occhi.

Un'ombra silenziosa è su di lei. Luisa ne avverte la presenza e spalanca gli occhi: due mani guantate di nero le spingono la testa sott'acqua spegnendo l'urlo della donna in un gorgoglio di bolle.

Visto da sotto il pelo dell'acqua in movimento la faccia di Marco, il guardaspalle di Monzi, sembra quella di un mostro.

L'uomo la tira su. Luisa tossisce spasmodicamente.
Intanto Monzi sta frugando in giro, badando a non creare confusione. Ogni cosa che tocca con le mani guantate la rimette metodicamente al suo posto

MARCO
Non sarà così stronza da tenerli qui...

MONZI
Adesso ce lo dice lei, vero bella?

Marco afferra Luisa per i capelli

MARCO
Dimmi dove sono i documenti segreti della tua padrona e ti lascio sguazzare nella vasca tutta la notte... Non ti vogliamo far del male: quelle carte in mani sbagliate potrebbero far scoppiare la terza guerra mondiale.

LUISA (senza fiato)
Non so di che carte.

Monzi fa un cenno a Marco che torna crudelmente ad immergerla nell'acqua della vasca.

Luisa sta affogando, le bolle diminuiscono di volume e quantità, gli occhi della donna sono sgranati, la bocca resta aperta.

Monzi fa cenno a Marco di tirarla fuori. Marco la tira su per i capelli, sembra morta, la scuote: Luisa tossisce, sputa acqua si rianima un poco

MONZI
Ti ho detto che è per il bene del mondo... dove sono?

Luisa scuote la testa e Monzi indica a Marco di immergerla di nuovo. Luisa si aggrappa al bordo della vasca e annuisce, tossendo. Non riesce a parlare ma con un dito indica l'armadio in cui ha nascosto i documenti.
Monzi spalanca l'armadio. Trova il pacco dei documenti, lo apre e dà un'occhiata: fotografie, lettere, atti notarili e una videocassetta.

MONZI
Sono questi.

Marco lascia Luisa che ha un conato di vomito e continua a tossire aggrappata al bordo della vasca e si affretta verso l'uscita.

Anche Monzi si avvia, poi si ferma. Torna verso la vasca da bagno e accende un phon che sta su una mensola. Lo butta acceso dentro la vasca piena d'acqua. Un lampo azzurro e poi l'appartamento piomba nel buio.

S C E N A 62
SALA CONSIGLIO DI AMMINISTRAZIONE. Int. giorno

L'avvocato dagli occhiali cerchiati d'oro siede ad una estremità del lungo tavolo lucido.
Dall'altra parte, in piedi, c'è Gino Neri.

NERI
Quella pecora che avete nella buca vale più di quel che pensate. Si stanno cacando sotto dalla paura.

UOMO CON GLI OCCHIALI
Pensavo che fosse un bluff della contessa per salvare la pelle, ma se quelli han paura le cose cambiano.

NERI
Se posso dire la mia: fate cantare la signora e poi facciamogli il favore che chiedono.

disegna una piccole croce in aria con le dita

UOMO CON GLI OCCHIALI
Mi pare ovvio. E' più utile tenere per le palle amici importanti che avere dei nemici rovinati da uno scandalo.

S C E N A 63
UFFICIO DI MATE' A MILANO. Interno giorno

Monzi, seduto alla scrivania di Matè, parla al telefono.

MONZI
... ma non ne ho la più pallida idea, commissario Ferla! L'ultima volta che ho visto la signorina Luisa è stato ieri pomeriggio a casa del conte DeFonseca Balmas. Poi ho preso il volo... aspetti...

legge un biglietto aereo che ha sul tavolo

MONZI
...ecco qua il volo AZ 230 delle 20 e 55 e sono arrivato a Milano verso le dieci...

<u>S C E N A</u> 64
VILLA DEFONSECA BALMAS. STUDIO DEL CONTE Interno giorno

Il Commissario Ferla è al telefono nello studio della villa. Dietro a lui si muovono alcuni agenti. Stanno portando via il cadavere di Luisa su una barella. Ferla attacca e poi ordina a un agente

COMM. FERLA
Volo AZ 230. Controlla la lista dei passeggeri.

<u>S C E N A</u> 65
BUCA. Interno male illuminato

La luce di una grossa torcia elettrica in pugno a Tonio, incappucciato col passamontagna, acceca Matè, mentre Rocco, incappucciato anche lui, scende la scala con una seconda torcia puntata contro la donna.

Dall'alto della botola si affaccia il compito avvocato con gli occhiali cerchiati d'oro.

UOMO CON OCCHIALI
Signora, devo purtroppo comunicarle il nostro vivo disappunto. Per lei non paga nessuno. Dovremo passare al gioco pesante.

Rocco ha un lieve irrigidimento che non sfugge a Tonio, accanto a lui.

MATE'
Non servirà a niente. Potete macellarmi ma non avrete un soldo. Facciamo un patto: voi mi lasciate andare e io vi prometto che pagherò il riscatto.

UOMO CON OCCHIALI
Preferisco la sua prima offerta, ricorda? Lei mi dice dove posso trovare quel dossier e io considero il riscatto pagato.

MATE'
Garanzie?

UOMO CON OCCHIALI
Temo di non potergliene dare.

MATE'
Potete se volete. Scriverò un biglietto a chi ha le carte

con l'ordine di consegnarle ad un vostro uomo fidato non appena arriverà la notizia della mia liberazione.

UOMO CON OCCHIALI
Sono troppo in vantaggio per accettare un pareggio. Deve fidarsi o morire.

MATE'
Morta per morta preferisco crepare con la consolazione che avete fatto un cattivo affare.

L'uomo si leva gli occhiali cerchiati d'oro e li pulisce lentamente con un fazzoletto di pizzo.

UOMO CON OCCHIALI
Rendo omaggio al suo animo, signora e riferirò, ma devo dirle che nessuno riesce a tacere quando si usano i sistemi adatti. La morte in sé non è niente, quel conta è il modo in cui si muore.

L'avvocato inforca gli occhiali e si ritrae dalla botola. Senza una parola Rocco e Tonio risalgono la scala, la tirano su e chiudono la botola.

Matè resta sola a pensare.

VOCE SUA ECCELLENZA(riverberata)
Come ha detto il poeta "sol chi procaccia d'aver fratelli in suo timor non erra" e tu vieni qui a minacciare, sant'Iddio, a minacciare me?

<u>**S C E N A**</u> 66
STUDIO DI SUA ECCELLENZA. Interno giorno

In un buio senza spazio, il volto Sua Eccellenza fissa Matè con ironia.
L'ambiente si delinea: è lo studio di Sua Eccellenza che fissa Matè seduto sulla sua sedia a rotelle

MATE'
Assolutamente no, e come potrei? Trovi però una ragione plausibile che io possa sostenere davanti ai giudici e tutto filerà liscio come sempre.

L'uomo sulla sedia arotelle sospira rauco:

SUA ECCELLENZA
Io ti capisco, vedere tanti amici in galera fa perdere il controllo. Ma l'importante è che le cose vadano avanti.

MATE'
Non è quello.

SUA ECCELLENZA
Quando si ha la mia età e anche il domani può essere futuro irraggiungibile si impara a guardare lontano. O la Russia torna forte o l'Islam dilagherà in tutta l'Asia e quando sarà il momento del grande scontro, il Cristianesimo sarà sconfitto.

MATE'
Eccellenza, ma lei crede davvero a quel che dice? Con me non ha bisogno di sbandierare nobili motivi per giustificare il suo amore per il potere.

SUA ECCELLENZA
Potere è bello se si sa volere.

MATE'
I soldi sono arrivati a destinazione. Aspettano un segnale da Washington. Laggiù qualcuno vorrebbe puntare di nuovo sui comunisti.

SUA ECCELLENZA
Meglio la destra nazionalista, dovendo puntare sul male è un male più sicuro. Se la Russia torna pericolosa, fotteremo la Sinistra per altri cinquant'anni.

MATE'
Anche se al Cremlino va al potere la destra?

SUA ECCELLENZA
Destra sinistra, la gente non distingue più. Diremo che sono nemici e basterà.

MATE'
Può darsi, Eccellenza. Ma io cosa dico se mi interroga il Procuratore?

SUA ECCELLENZA
Hai ragione, cara Matè, preoccupiamoci dell'oggi. Non ti interrogherà nessuno. Provvederò io a tutto come sempre.

<u>S C E N A</u> 67
BUCA. Interno non illuminato

Matè sorride amaramente nel buio della cella:

MATE'
Stai provvedendo eh, vecchio maiale? Stai provvedendo.

il sogghigno è spezzato da un singhiozzo e Matè si rannicchia su un fianco. Gli occhi le si riempiono di lacrime.

Il suo sguardo cade su una macchia chiara sul pavimento buio. Allunga la mano e raccoglie il santino di Lourdes, sporco di terra, calpestato. Lo pulisce con gesto automatico, rannicchiandosi come una bambina.

S C E N A 68
STUDIO DI SUA ECCELLENZA. Interno tramonto.

Sua Eccellenza siede, curvo, su una poltrona del Settecento, vicino al camino acceso. Sta controllando le carte contenute nella busta inceralaccata prese alla povera Luisa. Alcune le mette da parte e alcune le passa a Monzi, accovacciato ai suoi piedi. Monzi le mette nel camino e controlla che brucino completamente.

SUA ECCELLENZA
E' stata una fortuna quel sequestro. Quella donna aveva messo da parte una vera e propria bomba.

MONZI
Ce n'era per tutti.

SUA ECCELLENZA
Vedi, tu hai parlato col nostro buon amico Gino Neri e lui sta cercando di mettersi in proprio. Fortuna che siamo arrivati per primi su queste carte.

MONZI
Neri ha osato...? Non ci si può più fidare di nessuno. Provvederò.

SUA ECCELLENZA
Il sospetto è brutto ma a sospettare non si sbaglia quasi mai. Comunque tu non te ne devi più occupare. Vedi, ora potremmo stare tranquilli e invece tu hai un problema. La nostra amica Achille mi ha fatto sapere che in Procura sta per essere firmato un mandato di cattura contro di te.

MONZI
Contro di me? E con quali accuse?

il vecchio fa un gesto vago con la mano e sorride triste

SUA ECCELLENZA
Vecchie calunnie di stragi.

MONZI
Chi ha tradito? Allora anche lei è in pericolo.

SUA ECCELLENZA
I giudici contro di me devono trovare riscontri oggettivi, prove inoppugnabili che non ci possono essere. Invece con te han gioco facile, Monzi.

MONZI
Non ho mai preso iniziative, io! Ho sempre eseguito i suoi ordini...

SUA ECCELLENZA
Questa è una cosa che è meglio non dire. Io non do mai ordini. Qualche consiglio al massimo.

MONZI
Che significa? Che mi abbandona?

SUA ECCELLENZA
Ma no, che dici? Per me sei come un figlio.

MONZI
Sì, devo tutto a lei. Di me si può fidare ciecamente.

SUA ECCELLENZA
Ma certo che mi fido! Son certo che se parlassi il rimorso ti ucciderebbe.

Monzi, a disagio, sussurra

MONZI
Lei sa di avere tutta la mia venerazione.

SUA ECCELLENZA
La venerazione è per i santi.

S C E N A 69
LUNGOMARE . Esterno tramonto

Neri si avvia verso la propria auto. Tira fuori le chiavi e prima di infilarle nella serratura, abbraccia con uno sguardo lo splendido panorama del sole che tramonta sul mare.

Infila la chiave e la gira per aprire l'auto.

Un'esplosione distrugge l'immagine sullo schermo.

S C E N A 70
STUDIO DI SUA ECCELLENZA. Interno tramonto

Il maggiordomo deferente entra nella stanza portando un cellulare che porge a Sua Eccellenza con un inchino e poi esce senza una parola. Sua Eccellenza accosta il telefono ad un orecchio

SUA ECCELLENZA
Sì, sono io...

controlla l'ora al suo Roskoff da taschino

SUA ECCELLENZA
Già le otto... povero Neri... Mandate una corona. Voglio che sia la prima.

MONZI
Che gli è successo?

SUA ECCELLENZA (sospirando)
Una disgrazia.

MONZI
Non posso andare in galera... so che non reggerei... Direi tutto... Mi crederanno, lei è già sospettato di altri delitti...

SUA ECCELLENZA
Vedi che non ragioni più, figlio mio? Io non ho o ucciso nessuno. Ma siamo qui per aiutarci, non per accusarci, ti pare?

Monzi si lascia scivolare sulle ginocchia e afferra una mano scarna e sottile di Sua Eccellenza, cercando di baciargliela. Sua Eccellenza la ritrae.

MONZI
La supplico. Non voglio invecchiare in una cella...

ha un singulto di pianto e il Sua Eccellenza gli posa una mano paterna sulla testa

SUA ECCELLENZA
Ci si sente vecchi quando gli amici cominciano a morire...

sospira Sua Eccellenza con ironico dolore

MONZI
Che devo fare?

SUA ECCELLENZA
Sparire per un po'.

MONZI
Ormai il mondo è diventato piccolo... dove scappo? Santo Domingo? Le isole Figi? Dove?

SUA ECCELLENZA
Non è questione di distanze, caro. Se nessuno ti cerca, puoi scappare pure a Frascati.

MONZI
Ma mi cercheranno le polizie internazionali di mezzo mondo!

SUA ECCELLENZA
No, se sarai morto. Per finta naturalmente. Hai un figlio, vero?

MONZI
Sì.

SUA ECCELLENZA
Allora scrivigli una bella lettera in cui dici che ti vuoi suicidare e poi sparisci. Insomma organizzati un bel suicidio e non ti cercherà più nessuno. Quando tutto sarà di nuovo calmo, tornerai dicendo che non hai avuto il coraggio di ammazzarti.

Monzi supera la perplessità, si illumina di gioia e cerca di nuovo di baciare la mano rinsecchita e diafana di Sua Eccellenza che lo guarda con un sorriso indefinibile.

MONZI
Geniale! Geniale come sempre, Eccellenza!

<u>S C E N A</u> 71
OVILE. Interno tramonto

Un fischio proviene da fuori.

Tonio si alza dal paglericcio sopra la botola e prende la lupara. Va ad aprire il paletto della porta. Entra Rocco col tascapane gonfio in spalla.

ROCCO
Fa caldo oggi.

Tonio grugnisce una assenso e posa la lupara sul paglericcio.

Rocco tira fuori dal tascapane una bottiglia di vino e la posa sul tavolo sotto lo sguardo scrutatore dell'altro.

TONIO
Un brindisi?

gli chiede Tonio con un ghigno complice indicando in basso, sotto il pavimento. Rocco non risponde. Stappa la bottiglia e versa da bere per sé e per lo zio.

TONIO
Attento, Rocco. E' una troia. Quella per salvare la pelle la darebbe anche al diavolo.

ROCCO
Tu che faresti al posto suo, sepolto in buco, aspettando che ti facciano a fette?

TONIO
Non lo so e non me ne fotte niente. Se vuoi darle un bicchiere di vino, niente in contrario, se ti vuoi fare una chiavata accomodati, ma se hai quella nel cervello levati dai piedi, per il bene tuo.

ROCCO
Piantala, zio. Non voglio fare niente di niente.

TONIO
Meglio così.

ROCCO
Domani vengono su con l'acido.

TONIO
E' qui da appena due mesi...di solito tiriamo avanti per un anno e più.

ROCCO
Non vogliono far sparire il suo cadavere, non ancora. Vogliono usare l'acido per farla parlare.

TONIO
Non sono affari nostri. Tu queste cose non devi neppure saperle e non devi dirmele. Noi facciamo il nostro lavoro punto e basta. O vuoi finire nell'acido pure tu?

ROCCO
No, però...

TONIO
Però cosa? Non fare fesserie ché non voglio morire perché sei in calore.

Rocco annuisce, Tonio lo guarda indeciso, poi alza le spalle, scuote la testa e se ne va.
Rocco tira il paletto dell'uscio.

__S C E N A__ 72
BUCA. Interno non illuminato

Matè è rannicchiata sul letto, lo sguardo perduto, fisso sul pavimento buio.

__S C E N A__ 73
STAZIONE. Interno notte

(ATTENZIONE: i personaggi sono gli stessi visti morti o feriti nelle scene degli incubi di Matè)

RICORDO: le immagini sono alonate e i suoni riverberati.

Una grande sala d'aspetto piena di gente. Qualcuno seduto, molti in piedi.
Matè, giovanissima, riflessa in un grande specchio, guarda in esso le immagini alle sue spalle. L'inclinazione dello specchio gliela mostra un po' dall'alto.

Seduta su una poltroncina una giovane donna allatta un neonato sorridendogli tenerissima.

Due giovani innamorati si sfiorano le mani con un sorriso di imbarazzata promessa.

Monzi, sui 25 anni, infilato in un eskimo, si ferma un attimo accanto a Matè, posando una valigetta a terra, vicino ai piedi della donna. Finge di controllarsi nello specchio e incrocia lo sguardo di Matè. Monzi si allontana, lasciando la valigetta accanto a Matè che continua a fissare nello specchio:

Un gruppo di soldati di leva entra nella sala ridendo.

Matè prende la valigetta lasciata da Monzi, passa davanti alla madre che allatta, ai due innamorati mani nelle mani e va a sedersi su una panca libera, mettendo la valigetta sotto la panca. Passano due soldati

UN SOLDATO
Quanto manca all'alba?

COMMILITONE
Ventitré giorni.

Due studentesse si avvicinano, chiacchierando.

UNA STUDENTESSA
Ci vediamo domani. A che ora torni?

ALTRA STUDENTESSA
Ho l'esame alle cinque. Vado e vengo. Domani è il gran giorno. Piero mi ha chiesto di uscire. Magari mi bacia.

UNA STUDENTESSA
Quello non ti bacia, quello ti si fa!

ALTRA STUDENTESSA
Meglio! Domani ti racconto!

UNA STUDENTESSA
Okay. A domani allora.

Due fratellini di sette e nove anni infastidiscono i passeggeri in attesa, correndo tra le loro gambe. Un uomo coi capelli bianchi protesta e gli allunga uno scappellotto che non arriva a segno. Uno dei due si ferma, fa boccacce e gestacci e grida

RAGAZZINO
Fanculo vecchio stronzo!

VECCHIO COI CAPELLI BIANCHI
Siamo noi che tiriamo su dei mostri. Era meglio quando i ragazzini si educavano a calci in culo

Matè si alza, lasciando la valigetta sotto la panca. Esce dalla sala.

S C E N A 74
STAZIONE. Esterno interno notte

RICORDO: le immagini sono alonate e i suoni riverberati:

Matè esce dalla stazione e si incammina rigida verso un auto che l'aspetta col motore acceso. Al volante c'è Marco, il guardaspalle di Monzi, giovanissimo. Matè si volta a guardare:

oltre la vetrata della sala d'aspetto vede delle bambine in divisa, sorvegliate da due suore, che corrono ad accalcarsi sulla panca sotto cui ha appena lasciato la valigie.

Matè si ferma inorridita. Urla:

MATE'
Noooo!

da dietro Monzi la blocca tappandole la bocca e trascinandola verso l'auto. Matè si dibatte, riesce a liberare la bocca e urla di nuovo

MATE'
No, no!

Monzi la getta di peso sui sedili posteriori dell'auto. Entra anche lui tenendola ferma. L'auto parte immediatamente.

Matè lotta per liberarsi ma non ci riesce. La faccia schiacciata contro il vetro alzato, vede:

SCENA 75
STAZIONE. Esterno notte (modellino)

RICORDO: le immagini sono alonate.

La stazione esplode: è uno scoppio SENZA SUONO, immane che si sviluppa al RALLENTATORE sollevando un'enorme nuvola di polvere.

Sulle macerie assurdamente si gonfia un abito da suora vuoto.

SCENA 76
STAZIONE. Esterno notte

RICORDO: le immagini sono alonate e i suoni riverberati.

La luce dell'esplosione illumina il volto angosciato di Matè, stretta nell'abbraccio spietato di Monzi, il volto schiacciato contro finestrino dell'auto che corre a tutta velocità.

MONZI
Non lo sapevi che le bombe scoppiano?

dalle parole di Monzi nasce il fragore dell'esplosione...

S C E N A 77
BUCA. Interno non illuminato

Il fragore dell'esplosione scuote la mente di Matè ancora rannicchiata sul pagliericcio.
Si porta entrambe le mani contro le orecchie come se potesse bloccare il ricordo sonoro.
Matè ha una crisi di nervi. Butta per aria il pagliericcio, strattona la catena, grida:

MATE'
Bastardo! Bastardo!... bastarda me!

Rocco la stringe fra le braccia e Matè si ribella con violenza in preda ad una crisi isterica. Si dibatte fra le braccia di Rocco

ROCCO
Matè... sono Rocco.

la donna realizza che è Rocco a stringerla fra le braccia. Lo fissa ansimando, poi china la testa e scoppia a piangere. Rocco la lascia sfogare un poco.

MATE'
E' giorno o notte?

ROCCO
L'alba. Fammi vedere l'orecchio.

Matè volta la testa fasciata verso Rocco che, poggiata la torcia in modo da illuminarla, la sbenda con cautela

ROCCO
Il taglio è quasi cicatrizzato...

butta le bende e le sostituisce con un cerotto di pochi centimetri.

ROCCO
Ti ho portato un po' di vino e altre mele...

Rocco la bacia con dolcezza e Matè si aggrappa a lui.

ROCCO
Perché non gli dici quello che vogliono. Non vorrai morire torturata per salvare qualcuno là fuori...

MATE'
Nessuno si fa ammazzare per un altro e là fuori nuotano solo topi di fogna. Se parlo, il tuo capo mi ammazza subito dopo. So che è una partita persa ma la gioco fino alla fine. Meno male che ci sei tu.

ROCCO
Hai fatto l'amore con me solo per di tirarmi dalla tua, vero?

MATE'
Una donna incatenata in un buco non può scegliere niente.

ROCCO
Allora è vero... l'hai fatto solo per quello?

MATE'
Non ti ho incontrato ad un party.

ROCCO
Un po' come accarezzare una bestia perché non ti morda?

MATE'
Sì, in principio sì.

Rocco tira fuori dal tascapane gonfio, posato per terra, un brandello di giornale e lo illumina con la torcia

ROCCO
Qui dice che la tua segretaria privata è morta nel bagno...

DETTAGLIO: il titolo del pezzo:

Disgrazia o suicidio? Trovata morta nel bagno la segretaria privata di Maria Teresa Rivetti.

Matè legge ed è scossa da un brivido.

MATE'
Vigliacchi bastardi assassini... se la son presa con Luisa.

ROCCO
Può essere stata una disgrazia.

MATE'
No. Povera Luisa, aveva lei quelle carte. I gentiluomini amici miei l'hanno torturata come faranno con me gli amici tuoi...

ROCCO
Se hanno trovato quei documenti per te è meglio. Diglielo, se son stati distrutti è inutile che ti torturi.

MATE'
Glielo dirò ma non può credermi sulla parola. Andrà comunque fino in fondo.

Matè si abbandona sul letto, rassegnata, sconfitta.

MATE'
Ho quello che mi merito. Io sono peggio di quello che Pensi.

Rocco le accarezza il corpo, acceso di desiderio. Fanno all'amore.

(inquadrature a disposizione della regìa.

S C E N A 78
PONTE DI ARICCIA. Esterno notte

Marco ferma la moto dietro l'auto di Monzi che scende lasciando la portiera lato guida spalancata.

I due si avviano verso la spalletta del grane ponte.

Monzi beve un sorso da una bottiglia di whisky. Si sfila di tasca due lettere, le appoggia sulla spalletta del ponte e ci mette sopra la bottiglia per impedire che il vento le porti via.

Monzi si sporge a guardare nel grande vuoto buio oltre la spalletta del ponte. Si leva la giacca e la getta nel vuoto. La giacca plana e sparisce nel buio.

MONZI
Ecco, così sarà credibile.

Marco non dice nulla. Monzi controlla la scena.

MONZI
Perfetto no?. La macchina abbandonata, le lettere, la bottiglia con le mie impronte, la giacca che verrà ripescata là sotto... Un suicidio perfetto. Sua Eccellenza crede che...

le mani di Marco afferrano Monzi brutalmente da dietro e gli danno volta oltre la spalletta del ponte.

MARCO
...un suicidio è molto più credibile se si trova anche il cadavere...

S C E N A 79
BUCA. Interno non illuminato

Rocco e Matè hanno fatto a lungo l'amore e sono sdraiati uno accanto all'altro.

MATE'
Per un po' mi sono sentita libera come mai prima di adesso...

ROCCO
Credi che ti farò scappare?

MATE' (sorride)
Non è di quella libertà che parlo. Mi è sembrato come fosse di nuovo la mia prima volta. Forse ho sbagliato tutto, ma ormai è tardi per recriminare.

ROCCO
Hai avuto molti uomini?

MATE'
No... mi sono accorta di no. Non ho avuto molti uomini.

si baciano con passione, Matè poi si stringe a lui e gli sussurra nell'orecchio

MATE'
Ammazzami tu, adesso. Soffocami col cuscino. Mi troveranno morta e non potranno dare la colpa a te... Ti prego, non lasciare che mi torturino. Ti prego!

Rocco si stacca da lei con determinazione

ROCCO
Matè, Matè... non ti faranno più del male.

tira fuori una chiave, la infila nel grosso lucchetto che chiude la catena e lo apre. Matè muove la caviglia e si libera

MATE'
Cosa vuoi fare?

ROCCO
Non sei contenta? Il tuo piano sta funzionando, il minchione c'è cascato e non può più lasciarti morire. Sei libera.

MATE'
Rocco...

ROCCO
Ascoltami. Mi son messo d'accordo con mia moglie che fingerà di sentirsi male sulla piazza del paese. Verrà su qualcuno a chiamarmi e io correrò via. Avrai mezz'ora di tempo per scappare. Evita i paesi finché puoi, arriva al mare prima di chiedere aiuto a qualcuno, capito?, qui in montagna siamo tutti complici.

MATE'
Capiranno che mi hai liberato tu e ti uccideranno.

ROCCO
Non potranno esserne sicuri.

MATE'
Non trattarmi da idiota. Se scappo ti ammazzo e mi sono stufata di far morire la gente.

Roco tira fuori di tasca una robusta forcina per capelli, già piegata e contorta e la mostra a Matè, poi la butta a terra accanto al lucchetto aperto

ROCCO
Con questa.... penseranno che l'hai aperto con questa.

MATE'

Non funzionerà. Non ci crederanno mai e anche se ci credessero sarebbe sempre colpa tua che mi hai lasciato sola...

ROCCO (duro)

Basta. Sono cazzi miei.

Matè lo abbraccia e l'uomo la stringe a sé. Gli occhi di Matè sono umidi di commozione

MATE'

E tu faresti questo per qualche scopata... Io sono una carogna, Rocco, io non ti amo, non ho mai amato neppure me stessa.

ROCCO

Ricordami come quel coglione di manovale che hai fatto innamorare e ti ha liberato. Per me va bene anche così...

Matè reagisce con rabbia

MATE'

Non è possibile che lo fai per amore! Quale amore che neanche mi conosci? Lo sai come ho cominciato io a far soldi? Mettendo una bomba in una stazione. Uccidendo bambini! Hai capito, stronzo? Io sono un'assassinaaaa!

ROCCO
Non mi interessa che hai fatto, non me ne frega un cazzo! Tu proprio non capisci eh? Io ti amo! Amo te, così come sei, te! Te! Maledizione, te!

MATE'
No! Devi avere un altro motivo! Cosa speri? Che ti darò dei soldi? Non ti darò niente! Ti denuncerò alla polizia insieme a tutti gli altri, capito?

UNA VOCE LONTANA
Roccooooo!

ROCCO
Vado. Tu poi fai quello che pensi giusto, come sto facendo adesso io.... Càpita che quello che pensiamo giusto poi si riveli sbagliato, io credo di aver sbagliato quasi sempre... ma posso ragionare solo con la testa che ho... Addio, Matè, e buona fortuna.

MATE'
Non è vero. Non può esistere uno come te perché se no vuol dire che sono una povera stronza... Capisci? Io non posso accettare che sacrifichi la tua vita per salvarmi!

UNA VOCE LONTANA
Roccoooo, tua moglie sta maleeee!

ROCCO
Ma non sacrifico niente! Corro un rischio calcolato. Il tuo riscatto non lo pagherà nessuno, se ti salvo invece mi coprirai di soldi, un buon affare per me, no? Questo lo capisci?

Matè annuisce e, inaspettatamente, lo bacia. Rocco ricambia con passione poi si stacca dalla donna e corre su per la scala.
Matè sta per aggiungere qualcosa, poi desiste. Rocco da sopra grida

VOCE ROCCO(in allontanamento)
Arrivo! Dite a Tonio che venga su!

si sente la porta dell'ovile sbattere. Lentamente Matè sale la scala a pioli.

S C E N A 80
OVILE. Interno giorno

Matè sbuca dalla botola nell'ovile. Si guarda intorno strizzando gli occhi, non più abituati alla luce. Barcolla, si regge al tavolo. Poi va verso la porta e la socchiude.

S C E N A 81
PENDIO CON OVILE. Esterno giorno

Matè sulla soglia dell'ovile, colpita dalla luce del giorno. Serra forte gli occhi per il dolore. Si aggrappa allo stipite dell'uscio, poi lentamente riapre una palpebra. Subito la richiude. Strizza gli occhi facendo schermo con una mano. Respira profondamente. Finalmente riesce a guardare intorno:

la grande vallata è bellissima e verde. L'erba, gli alberi... è tutto magnifico.

Matè barcolla per alcuni passi, inciampa e si aggrappa ad un arbusto per non cadere.
Resta ansante a guardarsi intorno. Muove un passo, la sole la colpisce in piena faccia.
Chiude gli occhi e si ferma a riempirsi di quella sensazione di gioia fisica dopo tanto
buio umido. Poi lentamente si avvia verso valle.

S C E N A 82
SENTIERO CHE PORTA ALL' OVILE. Esterno giorno

Lungo il sentiero che porta all'ovile stanno camminando Rocco, col tascapane sulle spalle, Tonio, l'uomo dagli occhiali cerchiati d'oro e un uomo allampanato dallo

sguardo trasparente e freddo come l'acqua.
Rocco si sente gelare perché l'uomo ha alzato gli occhi verso l'ovile la cui porta è spalancata. Tonio guarda Rocco di traverso e gli sibila

TONIO (a denti stretti)
Ti sei fatto fottere.

Rocco non dice nulla, affonda le mani nelle tasche e procede verso l'ovile a capo chino.

S C E N A 83
OVILE. Interno giorno

Tonio entra per primo nell'ovile e il suo sguardo va alla botola aperta. Si affaccia nella buca buia.
L' uomo con gli occhiali d'oro e lo strano individuo dagli occhi color acqua si fermano davanti al tavolo mentre Rocco rimane sulla soglia.

UOMO CON OCCHIALI
Qualcosa non va?

TONIO (sorride a tutta faccia)
Tutto a posto. Possiamo cominciare.

Rocco si avvicina alla botola e guarda nella buca:

S C E N A 84
BUCA. Interno male illuminato

Matè sorride a Rocco, sdraiata sul paglIericcio, è incatenata come prima e il lucchetto è chiuso.

L' uomo con gli occhiali cerchiati d'oro si affaccia alla botola senza più preoccuparsi di mostrare la faccia a Matè

UOMO CON OCCHIALI
Non so se le ho detto, signora, che lei è più bella di persona che sui giornali. In altra occasione le avrei fatto la corte. Peccato. Ho con me un esperto che le farà dire quel che vogliamo. Prima di cominciare però, la prego, parli spontaneamente. Non mi diverto a veder fondere nell'acido un bel viso come il suo.

Matè non risponde. L'uono con gli occhiali d'oro sospira, porge la chiave di un lucchetto a Rocco e gli ordina

UOMO CON OCCHIALI
Portala su.

Rocco, che è rimasto fisso su Matè, scende la scala in due balzi. Apre il lucchetto della catena di Matè, sussurrando alla donna

ROCCO
Stronza. A quest'ora eri salva.

Matè non gli risponde. Rocco la spinge su per la scala a pioli.

<u>**S C E N A**</u> 85
OVILE. Interno giorno

Matè, sull'orlo della buca, viene afferrata da Tonio e fatta sedere su una delle panche.
L'allampanato apre una valigetta e dispone sul tavolo alcuni flaconi. Ne prova alcune gocce sul piano del tavolo mischiandole e ottenendo reazioni più o meno violente: alcune sciolgono il legno. Soddisfatto versa gli acidi in una bacinella ricavandone una reazione verdastra e schiumosa da cui si levano vapori irritanti.

UOMO CON OCCHIALI
E' vetriolo, signora. Davvero vuol farsi fondere la faccia?

MATE'
Quei documenti non esistono più. Li aveva la mia segretaria e l'hanno uccisa. Chi l'ha trovati li ha certo già distrutti.

UOMO CON OCCHIALI
Interessante. E lei come ha saputo dell'assassinio della sua segretaria?

Matè guarda sfacciatamente Tonio

MATE'
Me l'ha detto lui. Aveva promesso di liberarmi per soldi. Mi ha anche violentato.

Tonio guarda spaventato l'uomo con gli occhiali

TONIO
Non è vero niente! E' stata lei che... (poi a Matè) Brutta troia bastarda, io...

l'uomo con gli occhiali dà un'occhiata di traverso a Rocco che ha stretto i pugni dominando a stento la rabbia.

UOMO CON OCCHIALI
Fermo. Chiariremo dopo. Procediamo.

Matè è percorsa da un brivido di terrore e guarda verso Rocco, disperata.

MATE'
Ma perché? Gliel'ho detto: i documenti li aveva Luisa, la mia segretaria. Se l'hanno uccisa, li avranno presi. Che spera di sapere di più?

UOMO CON OCCHIALI
Sono morte altre persone per quei documenti. Forse lei sa più di quel che dice e me ne devo accertare.

Fa un cenno a Tonio che, furioso, afferra la donna per i capelli, con forza, mentre l'allampanato sposta la bacinella verso la donna.

ALLAMPANATO
Naso e occhi. Se bruciamo la lingua non parla più.

l'allampanato ha un orribile sorriso.

Tonio spinge la testa di Matè verso il vetriolo, la donna oppone tutta la resistenza possibile. Urla.

Rocco prende la lupara appoggiata da un lato e colpisce Tonio alla testa col calcio
dell'arma. Tonio cade all'indietro precipitando nella buca.

L'allampanato estrae una pistola ma Rocco lo precede sparandogli in petto un colpo
della lupara: l'uomo crolla con la faccia sui suoi acidi che schiumano. corrodendogliela.

Matè barcolla all'indietro, andando a sbattere contro una delle pareti, guarda con orrore
la faccia dell'allampanato che si dissolve.

Rocco spiana la lupara contro l'uomo con gli occhiali che alza le mani e gli parla con dolcezza

UOMO CON OCCHIALI
Rocco, hai moglie e figli... non fare stupidaggini: se ammazzi me sei un uomo morto, posa quella lupara e dirò che hai litigato col tecnico.

ROCCO
Scappa Matè!

Matè non riesce a staccar gli occhi da quella faccia corrosa.

MATE'
Vieni anche tu!

ROCCO
Ti ho detto fuori! Obbedisci per una volta in vita tua! Fuori!

La donna non se lo fa più ripetere e fugge.

L'uomo con gli occhiali d'oro approfitta dell'attimo di disattenzione di Rocco per tirar fuori dalla tasca della giacca un revolver ma Rocco lo precede centrandolo in piena faccia con una scarica a pallettoni.

Matè si riaffaccia nell'ovile, spaventata. Rocco le urla furibondo

ROCCO
Viaaaaa!

MATE'
Non puoi star qui! Ti ammazzano. Vieni via con me... penserò io a tutto, a te, alla tua famiglia... non potrò mai sdebitarmi, ti devo la vita.

Rocco l'afferra per le spalle e la scuote

ROCCO
La vuoi smettere di vedere il mondo come una partita di debiti e di crediti? Non hai debiti con me. Se facevi come ti avevo detto non sarebbe successo questo casino!

MATE'
Ero già fuori ma non ho potuto andar via... Mi sono data della stronza cento volte mentre tornavo in quella buca. Basta gente che muore per colpa mia, basta!

Si aggrappa a lui. Rocco si stacca dalla donna.

ROCCO
Adesso vattene. Corri finché hai fiato. Convincerò Tonio a dire che siamo stati assaliti e ti hanno liberata. Se io scappo con te ammazzeranno mia moglie e i miei figli.

MATE'
L'hai colpito. Non mentirà per salvarti...

ROCCO
E' mio zio... mi vuole bene!

TONIO (off)
Non così bene.

la voce di Tonio coglie i due di sorpresa. Tonio è a metà fuori dalla botola e raccoglie il revolver caduto di mano all'uomo con gli occhiali. Un rivolo di sangue gli cola sulla faccia attraverso i capelli. Punta l'arma contro Rocco.

TONIO
Ti avevo avvertito, Rocco. La troia ti ha scopato il cervello. E tu muoviti e torna nella buca...

Rocco si para davanti a Matè e arretra verso la porta dell'ovile. Tonio esce dalla buca e fa cenno con la pistola a Matè di tornare di sotto

ROCCO
Diremo che c'hanno assalito e che l'hanno liberata.

TONIO
Certo! I fantasmi! Così ci ammazzano tutti e due. C'è una sola soluzione: la troia torna nella buca ...

ROCCO
Devi prima ammazzare me.

spinge fuori dall'ovile Matè

ROCCO
Scappa!

Matè corre via. Tonio abbassa la pistola e spara un colpo in una gamba di Rocco che crolla a terra con un grido.

Tonio corre fuori con la pistola in pugno.

S C E N A 86
PENDIO CON OVILE. Esterno giorno

Matè sta correndo verso valle.

Tonio si inginocchia e prende la pistola con entrambe le mani. Prende la mira con cura. Spara.

Matè vien colpita di striscio ad una spalla. Accusa il colpo, si porta una mano sulla ferita ma riprende a correre.

Sulla soglia, trascinandosi sulla gamba ferita, appare Rocco che sta caricando la lupara.

Tonio sta per sparare un secondo colpo contro Matè. Rocco lo precede centrandolo alla schiena con la lupara. Tonio si volta con occhi sgranati, più per lo stupore che per la morte in arrivo.

Rocco resta con la lupara in mano a fissarlo, gelato anche lui dall'enormità di ciò che ha fatto. Tonio vorrebbe dire qualcosa, non ci riesce e preme il grilletto della pistola un attimo prima di collare morto a terra.

Rocco, centrato in pieno, crolla a un passo dallo zio. Dal tascapane rotolano fuori due mele e lui resta immobile, a braccia spalancate, come un cristo.

Dopo il secondo sparo è tutto silenzio. Matè rallenta la corsa, si ferma. Non osa voltarsi.
Lo fa lentamente: erba, rocce, alberi sfilano come invischiati di melassa.

Lassù, davanti all'ovile, i corpi immobili sono due.

MATE'(urla)
Rocco!

corre su per il pendio, arrancando, senza fiato.

Più si avvicina più la realtà entra in Matè: quei due corpi sono morti.

Matè si ferma davanti al corpo Rocco, che ha gli occhi fissi al cielo. Si china a guardarlo nelle pupille, stravolta dal dolore che le urla dentro. Poi la commozione e, finalmente, le lacrime: quiete, silenziose

Istintivamente raccoglie le mele e le rimette nel tascapane di Rocco, lo prende, se lo stringe addosso con gesto struggente. Poi si alza, si gira e (in P.P.P.) scende verso valle.
Man mano, sul suo volto, lo sconvolgimento dei sentimenti lascia posto ad una lucida, fredda determinazione.

<u>S C E N A</u> 87
PAESE. CASERMETTA CARABINIERI. Est. notte

DETTAGLIO: l'insegna, un po' arrugginita e bucata da due colpi di pistola, annuncia una piccola stazione di carabinieri.
Piove a dirotto. Si sentono i rintocchi del battaglio su un portone.
PANORAMICA a scoprire Matè che, in P.P, fradicia di pioggia, bussa una seconda volta al portoncino dei carabinieri.
Lo spioncino del vecchio portone si apre e da lì dietro un carabiniere assonnato, chiede

CARABINIERE
Chi è?

MATE'
Maria Teresa Rivetti, la donna che è stata rapita a Roma tre mesi fa...

<u>S C E N A</u> 88
VILLA DEFONSECA-BALMAS.STUDIO DEL CONTE Interno giorno

In DETTAGLIO: il tascapane di Rocco viene poggiato sul grande scrittoio.

La stessa mano apre lo sportello della scrivania: dentro c'è il plico senza intestazione, legato con un nastro rosso, lasciato da Luisa .

Matè prende il pacco di documenti e lo infila nel tascapane. E' vestita con severa eleganza, solo il cerotto sull'orecchio, il marcato pallore e l'intensità dell'espressione ricordano ancora i recentissimi avvenimenti.

Entra nello studio, affannato, in tenuta da polo con uno spolverino sulle spalle, Filippo Maria. Spalanca le braccia alla moglie

FILIPPO
Matè carissima! Quale gioia rivederti sana e salva! Appena ho saputo mi sono precipitato! Grandi nuove: l'onorevole Biagiotti mi ha detto che quella storia russa a cui tenevi tanto, è andata in porto... io non ci ho capito niente ma... tutti sembravano tenerci tanto...

Matè lo blocca con uno sguardo agghiacciante. La donna si siede, prende un blocchetto di assegni e scrive una cifra su un assegno.
Filippo sconcertato blatera spicgazioni più indirizzate a se stesso che alla moglie

FILIPPO
Ah brava! Lo sai che non ho pagato la servitù questo mese? Senza un soldo, son rimasto senza un soldo!...Matè, perché mi guardi così?

Matè chiude l'assegno in una busta e poi alza il telefono.

FILIPPO
Io ho fatto il possibile. Ho bussato a tutte le porte. Ho seguito i consigli che mi son stati dati e che sembravano in quel momento la cosa migliore da fare.

MATE' (al telefono)
Notaio? Buongiorno. Sì sono io. Sì, sto bene. Senta le mando un assegno che lei farà avere alla famiglia di uno dei miei rapitori, quello giovane che ha lasciato due bambini. No, caro, lo faccia lei, io sarò fuori dal giro per un bel po'. Grazie.

FILIPPO
Fuori dal giro? Perché fuori dal giro? Dove vuoi andare?

MATE'
In galera. Come te e tutti gli altri.

FILIPPO
Io? E perché io? A chi dovevo dar retta se non ai tuoi amici di sempre? Matè, ti sono sempre stato vicino col pensiero...

Matè gli passa davanti sprezzante

MATE'
Giocando a polo?

FILIPPO (trotterellandole dietro)
Io non ho esperienza di questo genere di cose.. e neppure immaginavo che i tuoi affari fossero così sporchi...

MATE'
Rompo il nostro contratto.

FILIPPO
Che significa?

MATE'
Che perdi moglie e soldi. Ti avevo fatto avvertire: se fossero usciti certi documenti non ti sarebbero restate neppure le palle per giocare a golf.

FILIPPO
Vedi cara, proprio oggi mi hanno detto che non c'è più nessun documento.

Matè gli mostra il tascapane con un sorriso di scherno

MATE'
E invece ci sono. Erano nascosti nel più sicuro nascondiglio del mondo: la scrivania di un coglione.

FILIPPO (perdendo il controllo)
Divorzierò! Non posso lasciare lordare il mio nome da una che ha le mani sporche come le tue

MATE'
Vado a pulirmele le mani, là dove me le sono sporcate.

<u>S C E N A</u> 89
MILANO. BAR E PALAZZO DI GIUSTIZIA. Int. giorno

In DETTAGLIO il tascapane di Rocco, gonfio di documenti, viene poggiato sul tavolinetto di un bar.

Lo sbuffo di vapore di una macchina per espresso, scalda la tazzina prima di essere servita.
P.P. del barista che sbircia incuriosito verso Matè, dall'espressione tesa e severa.

Il barista le serve il caffè. Matè, assorta, lo zucchera, lo mescola lentamente e lo beve, assaporandolo con gusto. Poi prende il tascapane e si avvia verso l'uscita.

Si sente la voce di Matè che inizia a recitare:

MATE' (off)
Il mio nome è Maria Teresa Rivetti, detta Matè.

S C E NA 90
PALAZZO DI GIUSTIZIA DI MILANO. Esterno giorno

Matè esce dal bar col tascapane di Rocco in mano, traversa la strada e sale la scalinata del Palazzo di Giustizia che sta di fronte.

Su tutta la scena sentiamo la sua voce che recita:

MATE'
Sono sposata con il conte Filippo Maria DeFonseca Balmas. Sono laureata in Scienze economiche all'università Bocconi. Ho lavorato per i Servizi e sono colpevole del reato di strage. Ho svolto per anni attività finanziarie che mi hanno portato a maneggiare ingenti somme di denaro... di ogni genere. In questo tascapane c'è tutta la documentazione di tanti anni di attività: bombe, frodi fiscali, riciclaggio di denaro sporco,

finanziamento illecito ai partiti, corruzione a scopo eversivo in Italia e all'estero, traffico di armi, costruzione di false prove contro magistrati e un'altra dozzina di reati minori. Ho commesso questi delitti per conto e nell'interesse mio e di alcuni eminenti personaggi. Ecco i loro nomi...

Matè è entrata nel Palazzo di Giustizia e la sua voce sfuma, coperta dai rumori del traffico, mentre appare la scritta

f i n e

ALDO FLORIO (1924 – 2916) è stato a lungo un valido aiuto regista, passato alla regìa ha diretto cinque film

1976 **Una vita venduta (Caralsol)**

1971 **Anda muchacho, spara!**

1968 **Tutto sul rosso**

1967 **L'uomo del colpo perfetto**

1966 **I 5 della vendetta**

Il più importante artisticamente fu "Una vita venduta" (Caralsol) sulla guerra civile spagnola che fu premiato al Festival del Cinema di Mosca.

Ma non è della carriera cinematografica di Aldo che vorrei parlarvi, dei suoi successi, ma del suo essere uomo di grandi virtù civili e di gran cuore.

Conobbi Aldo a Biella, nel bar Ferrùa, me lo presentò un amico che aveva fatto per qualche anno l'attore a Roma sapendo che avevo intenzione di tentare la strada del cinema.
Aldo era a Biella è per dei finanziamenti che alcuni imprenditori biellesi davano per fare film all'insaputa dell'intera città. Stava bevendo un Punt & Mes e me ne offrì uno insieme al suo indirizzo romano, nel caso che davvero mi trasferissi a Roma.

Era il 1953: Peppo Sacchi del Cineclub Biella aveva appena vinto la Coppa Agis al Festival degli Amatori di Montecatini con un bellissimo western in BN che precedeva Sergio Leone di dieci anni.

Fondammo il Centro Studentesco Cinematografico (C.S.C) e ricevemmo una diffida a usare la sigla perché uguale a quella del Centro Sperimentale di Cinematografia di Roma: un segno del destino.

Riuscii a convincere Peppo e i suoi collaboratori a tentare di entrare nel vero CSC girando un film che facesse scandalo o attirasse l'attenzione su di noi.
In otto mesi girando di notte e nei giorni festivi realizzammo "La strada che porta lontano" un film cattivo, dove vincevano i cattivi e che la giurìa di Montecatini ce lo fece proiettare senza prima vederlo. Il giorno dopo ne parlarono scandalizzati tutti i giornali di cinema.
Il piano era riuscito perfettamente e arrivammo a Roma con un biglietto del grande Alessandro Blasetti che ci segnalava per il Centro Sperimentale.

Provinciali a Roma all'alba del 18 agosto del 1955, senza sapere dove andare a dormire. Ecco perché Aldo venne svegliato quella mattina da tre ragazzi stralunati e sporchi.
Ci aprì in pigiama e ci guardò con curiosità: gli lessi sulla faccia "ma chi cazzo sono questi?". Mi affrettai a ricordargli il Punt & Mes di Biella e si illuminò:
"Oh sì! Quelli della provincia dicono spesso che verranno a Roma a a fare il cinema ma poi non vengono mai!" si voltò verso l'interno dell'appartamento e gridò "Mamma, prepara dei

pomodori al riso!" e poi a noi " E voi, entrate e fatevi una doccia!"

Cominciò così un sodalizio che durò sessantuno anni fino al giorno triste della sua morte : il diciotto dicembre del 2016. Sodalizio sempre sottolineato da brindisi col Punt & Mes che nei decenni era diventato difficile da trovare.

Aldo mi trattò come un fratello, mi fece fare la comparsa in "Guerra e Pace" a Cinecittà e si diede da fare per aiutarmi a entrare nella short list del Centro Sperimentale. Sembrava che fossimo amici da sempre.

Aldo era il rappresentante della UIL per lo Spettacolo e quindi andava spesso a trattare coi dirigenti RAI e, a volte, qualcuno gli chiedeva che cosa volesse "per lui" e rispondeva con stupore "Per me? Niente".
E niente ebbe per tutta la vita.
Da vecchio un po' si rammaricava di essere stato onesto fino alla stupidità, ma era contento di non essersi mai venduto.

Diventati amici abbiamo lasciato che le nostre carriere scorressero parallele, con pochi incroci, l'ultimo fu nell'occasione di questo "Crimine contro Crimine".

Aldo mi raccontò della sua giovinezza: nato dopo il delitto Matteotti, visse e crebbe sotto il regime fascista e quando l'Italia lasciò l'alleanza coi tedeschi pensò che fosse un tradimento, una vergogna per l'Italia e si arruolò volontario della RSI per "cercar la bella morte" convinto che l'avrebbero mandato a combattere l'invasore. Invece lo mandarono a Varallo Sesia a rastrellare partigiani.

Si rese presto conto che la popolazione del luogo era contro i fascisti e quando passavano tutti chiudevano gli scuri delle finestre, allora gridava furibondo che i fascisti erano loro, quelli che si chiudevano in casa al loro passaggio, perché loro avevano permesso al fascismo di trionfare, lui ci era nato dentro per colpa loro.
Vide molti dei suoi amici morire. Tutti gli anni andava a salutarli al Verano, il cimitero monumentale di Roma e ogni che passava si rendeva sempre più conto del sacrificio inutile di quelle vite: tutti quei ragazzi dietro una lapide mentre lui invecchiava, a volte gli era insopportabile.

Non amava parlare di quegli anni, Aldo era molto orgoglioso e suscettibile, anche quando gli chiesi se era in piazza Venezia all'annuncio di Mussolini che dichiarava guerra agli USA essendo già in guerra con l'URSS si limitò ad annuire. Chiedergli perché nessuno avesse fatto una pernacchia al duce era inutile.

Aldo era un'idealista e anche quando l'ideale era sbagliato e gli era stato conficcato dentro fin dalla nascita faticava e rinnegarlo del tutto.

Aldo è l'uomo più integro e generoso che abbia incontrato nella mia vita e quando scrissi di lui citando solo il nome temendo che potesse prendere male qualche commento, mi chiese di mettere il suo cognome nella seconda edizione del libro, cosa che feci con grande piacere.

Per l'ultimo compleanno celebrato insieme mi ha regalato una bottiglia di Punt &Mes, l'ho bevuta quasi tutta ma esito a finirla.

www.ingramcontent.com/pod-product-compliance
Lightning Source LLC
LaVergne TN
LVHW050644100826
845148LV00011B/1970

* 9 7 8 0 2 4 4 5 5 3 7 5 3 *